新版
保育とおもちゃ

発達の道すじにそったおもちゃの選び方

瀧 薫 著

エイデル研究所

はじめに

　遊びに夢中になっている子どもたちの表情は、生き生きと輝いています。それは、春の若葉のように成長するものがもつ美しさです。子どもたちにとって遊びは生きることそのものです。石ころや木切れ、木の実も子どもたちには魅力的なおもちゃです。自然に触れ自然の素材で遊ぶことは、子どもたちの感性を豊かに育みます。それとともに保育では、子どもたちの発達にそったおもちゃが育ちを支援します。子どもたちが思わず触ってみたい、遊んでみたいと思えるような保育環境から、子どもたちの主体的な遊びが広がります。

　この本は、子どもたちの発達にそったおもちゃの選び方と、保育者の支援についてまとめました。そのもとになったものは、二十余年にわたる保育実践の遊び記録です。その記録からは、同じおもちゃでの子どもたちの発達や興味による遊び方の違いや、私たちの予想を超えた創造的な遊びの発展など、多くの発見や気づきがありました。それらは子どもたちが教えてくれたことであり、子どもたちによりそい、遊びの様子を丹念に記録した一人一人の先生方の熱意によるものです。本書では、そのような保育実践記録をもとにしながらも、子どもたちの遊びについて発達の道すじをふまえ客観的な視点でとらえることに重きをおくよう心がけました。そうすることで、子どもたちの発達の連続性を明らかにしつつ、遊びによって育まれる力について考察しています。

　おもちゃなどの道具とともに、子どもたちの遊びが豊かに発展するためには身近な大人の存在が大切です。現在の教育・福祉に大きな影響を与えたエレン・ケイの『児童の世紀』（1900）に、「子どもと遊べる人だけが、子どもを教育できる」という一文があります。とても素敵な言葉です。このような人的環境、おもちゃなどの物的環境、そして自然や社会事象があいまって、子どもたちの遊びは展開されます。幼児期の遊びの連鎖が、個々の主体的な学び、お友達との対話的な学びとなって広がり深まりながら、子どもたちは生涯にわたる人格の基礎を培っていきます。

　本書は2018年の要領指針の改訂にともない『保育とおもちゃ』2011年版を大幅に加筆・修正を行ったものです。幼い子どもたちの健やかな成長を願う皆様のお役にたてましたらとてもうれしく思います。

瀧　薫

目次

はじめに ·· 3

序章
要領・指針と遊び

1 未来を生きる子どもたちへ ······································· 10
2 乳児保育、1歳以上3歳未満児保育について ········ 10
3 非認知的能力の重要性 ·· 12
4 幼児期に育みたい資質・能力を明記 ····················· 13

第1章
遊びとおもちゃ

1 見える力、見えない力 ··· 22
2 遊びで育まれるもの ··· 23
3 保育の中の遊び ·· 25
　1）活動は、遊びを中心として総合的に行う ········· 25
　2）子どもの主体性を大切にすること ···················· 26
　3）遊ぶ過程で得られる満足感や充実感を大切にすること ···· 27
　4）子どもの発達を幅広く見通しをもって支援すること ······ 27
　5）子ども同士の関わりを大切にすること ············ 27
　6）子どもが自ら関われるように人・物・場の環境を構成すること ···· 28
4 おもちゃを選ぶ視点 ··· 29
　1）素材について ··· 30
　2）デザインについて ··· 31
　3）大きさについて ··· 32
　4）その他の視点 ··· 33
5 主体的な遊びを支援するための保育者の役割 ····· 34
　1）一人一人の発達の連続性を大切にする ············ 34
　2）子どもの様子をよく見て、応答的に関わる ···· 35
　3）遊びのモデルを示す ··· 35
　4）見守り、適切に支援する ··································· 36

第2章
子どもの発達と遊び

1 手や指を使う遊び ………………………………………………… **38**
　1）手や指を使う遊びで育まれること ………………………………… 39
　2）手や指を使う遊びと子どもの発達 ………………………………… 42
　　　乳児期 握ることで感覚を刺激する ……………………………… 42
　　　1歳頃 握るからつまむへ ………………………………………… 43
　　　2歳頃 豊かな手指の遊びが自我の育ちを支援する …………… 48
　　　3歳頃「自分でできる！」自立への意欲の高まり ………………… 52
　　　4歳頃「〜しながら〜する」ことができるようになる ……………… 54
　　　5歳頃 巧緻性が高まることで生活の質・遊びの質が豊かになる … 56
　　　6歳頃 手を使って作りだす喜び ………………………………… 56
　3）手や指を使う遊びの支援 …………………………………………… 58

2 積み木遊び ……………………………………………………… **60**
　1）積み木遊びについて ………………………………………………… 60
　2）積み木の選び方 ……………………………………………………… 63
　3）積み木遊びと子どもの発達 ………………………………………… 65
　　　乳児期 積み木遊びを通して、自分を発見する ………………… 65
　　　1歳頃 初歩的な積み木遊びの始まり …………………………… 66
　　　2歳頃 自分のやりたいことに集中する …………………………… 67
　　　3歳頃 道具を仲立ちとして遊びを共有する ……………………… 68
　　　4歳頃 お友達と協調する …………………………………………… 69
　　　5歳頃 仲間の存在が重要になる …………………………………… 71
　　　6歳頃 仲間と創意工夫を重ねる …………………………………… 72
　4）積み木遊びの支援 …………………………………………………… 73

3 ごっこ遊び ……………………………………………………… **75**
　1）ごっこ遊びについて ………………………………………………… 76
　2）ごっこ遊びと子どもの発達 ………………………………………… 78
　　　乳児期 模倣から動作のやりとりへ ……………………………… 79
　　　1歳頃 見立て遊びのはじまり ……………………………………… 80
　　　2歳頃 つもり遊びのはじまり ……………………………………… 81
　　　3歳頃 お友達と一緒に楽しむ ……………………………………… 81

目　次

　　　4歳頃 自分の役割を全体の関係の中で意識する ……………………… 82
　　　5歳頃 役割を演じる …………………………………………………… 83
　　　6歳頃 創造的に表現する ………………………………………………… 83
　　3）ごっこ遊びの支援 ………………………………………………………… 84
　　4）ごっこ遊びの道具 ………………………………………………………… 87
　　　乳児クラス ………………………………………………………………… 87
　　　1歳児クラス ……………………………………………………………… 88
　　　2歳児クラス ……………………………………………………………… 89
　　　幼児クラス ………………………………………………………………… 90

4　ルールのある遊び ……………………………………………………………… **92**
　1）ルールのある遊びについて ……………………………………………… 92
　2）ルールのある遊びと子どもの発達 ……………………………………… 95
　　　2歳頃 見守られながら決まりを知る …………………………………… 95
　　　3歳頃 友達との関わりを通して、決まりを守ることを理解する ……… 96
　　　4歳頃 相手の気持ちを察するようになる ……………………………… 98
　　　5歳頃 目的を持って主体的に決まり守る ……………………………… 99
　　　6歳頃 気持ちに余裕をもってゲームを楽しむ ………………………… 101
　3）ルールのある遊びの支援 ………………………………………………… 102

5　その他の遊び …………………………………………………………………… **104**
　1）乳児期 ……………………………………………………………………… 104
　2）1歳以上3歳未満 ………………………………………………………… 107
　3）幼児期 ……………………………………………………………………… 109

第3章
年齢別 遊び環境の構成

1　基本的な考え方 ………………………………………………………………… **114**
2　0歳児クラス 室内の遊び環境 ………………………………………………… **115**
3　1歳児クラス 室内の遊び環境 ………………………………………………… **118**
4　2歳児クラス 室内の遊び環境 ………………………………………………… **121**
5　幼児クラス 室内の遊び環境 …………………………………………………… **124**
6　室内の遊び環境を整えるために ……………………………………………… **127**
　1）自分の園のよいところを再認識する …………………………………… 128

2)園内研修の充実 ……………………………………………… 128
　　3)好奇心を持って学び、幅広い視点を持つ ………………… 129
　　4)日々の生活や遊びを大切にした、行事のとりくみ ……… 129
　　5)保育者は最も大切な保育環境 ……………………………… 130

資料
・0歳児クラスのおもちゃ ………………………………………… 132
・1歳児クラスのおもちゃ ………………………………………… 134
・2歳児クラスのおもちゃ ………………………………………… 136
・3歳児クラスのおもちゃ ………………………………………… 138
・4歳児クラスのおもちゃ ………………………………………… 140
・5歳児クラスのおもちゃ ………………………………………… 142
・0歳児クラスの空間づくり ……………………………………… 144
・1歳児クラスの空間づくり ……………………………………… 146
・2歳児クラスの空間づくり ……………………………………… 148
・幼児クラスの空間づくり ………………………………………… 150
・012歳児クラスの遊びの姿 ……………………………………… 152
・幼児クラスの遊びの姿 …………………………………………… 154

あとがき …………………………………………………………… 158

序章

要領・指針と遊び

1 未来を生きる子どもたちへ

　子どもたちは未来そのものです。平均寿命が伸びている現在、子どもたちには一世紀近い未来があります。生まれたばかりのお母さんの腕の中で眠る小さな赤ちゃんが、しあわせに次の100年を生きていけるように、今私たちにできることを、長くそして幅広い視点で考えていかなければなりません。

　子どもたちをとりまく環境は社会の動きとともに常に変化してきました。近年の少子化や就労形態の多様化、女性の活躍への期待が増すといった社会状況をふまえて、平成27年4月に「子ども・子育て支援制度」がスタートしました。これは、教育・保育の「量」と「質」の向上を推し進めるために生まれた制度です。新たに、幼稚園と保育園両方の機能をあわせもつ「幼保連携型認定こども園」もできました。

　このような流れを受けて、平成29年3月には、「幼稚園教育要領」「保育所保育指針」「幼保連携型認定こども園教育・保育要領」が、同時に改訂告示されました。今、世界的に幼児期の質の高い教育の重要性が注目される中、幼稚園でも保育所でもこども園でも、子どもたちの教育は同じものにしていかなければならないという考えのもと、教育部分が共通化したのが大きな特徴のひとつです。

　本編に入る前に、序章ではまず、要領・指針に基づいて、これからの幼稚園・保育園・こども園に求められることについて、考えてみたいと思います。

2 乳児保育、1歳以上3歳未満児保育について

　これまでの指針では、第2章に子どもの発達として、「おおむね〜歳」と子どもの発達の姿が年齢ごとに明記されていました。しかし、平成29年告示の指針ではこの記述がなくなりました。そして、暦年齢にとらわれず、個々の子どもたちの発達の連続性を保障していくことで、養護と教育を一体化して行うという視点が重視されています。このような考えに基づき、これまで第3章に入っていた「養護に関する基本的事項」が保育の根幹を成すものとして第1章の総則にあげられました。

> **（1） 養護の理念**
> 保育における養護とは、子どもの生命の保持及び情緒の安定を図るために保育士等が行う援助や関わりであり、保育所における保育は、養護及び教育を一体的に行うことをその特徴とするものである。
>
> 🔶 保育所保育指針　第1章総則2　養護に関する基本的事項

保育所では、まず子どもたちが安心して過ごせることが大切であり、養護と教育は見通しをもって一体的に行うこととされています。これを具体的な保育の中の遊びで考えると、自我が芽生え食事で手づかみ食のつまみ食べをしようとする頃には、つまむ遊びをとりいれ、スプーンの三点持ちが安定するためにはスプーンですくう遊びをとりいれるなど、その子の発達にそって見通しをもって遊びを支援することなどがあげられます。子どもは見守られながら、自分がそのときに興味のある遊びを十分に楽しみ生活の力を獲得していきます。

また、上の養護の理念の中に、情緒の安定とありますが新指針では情緒の安定の項に下のように「くつろいで」という視点が加えられました。

> 前指針　一人一人の子どもの心身の疲れが癒されるようにすること
> 新指針　一人一人の子どもがくつろいで共に過ごし、心身の疲れが癒されるようにすること
>
> 🔶 保育所保育指針　第3章　情緒の安定　ねらい④

園で長時間を過ごす子どもたちが増えている今、園は子どもたちが安心してくつろげる場所であることが重要です。そのためには、保育者の温かく受容的な関わり、音や色の情報があふれすぎないこと、そして布などやわらかい素材の活用などの配慮も必要となります。このような考え方に基づき、指導計画の作成では、一人一人の生活リズムをふまえた保育の重要性についても今回新たに明記されました。

> 一日の生活のリズムや在園時間が異なる子どもが共に過ごすことを踏まえ、活動と休息、緊張感と開放感の調和を図るように配慮すること。
> 午睡は生活のリズムを構成する重要な要素であり、安心して眠ることのできる安

全な睡眠環境を確保するとともに、在園時間が異なることや、睡眠時間は子どもの発達の状況や個人によって差があることから、一律とならないよう配慮すること。

🟠 保育所保育指針　第1章3　保育の計画及び評価

　一人一人の生活リズムを保障するためには、遊んでいる子どもにも、睡眠をとる子どもにも快適な、保育室の環境を配慮しなければなりません。また、幼児の保育室も含めて、子どもたちの動線を考慮してくつろぎのための空間を保障することも大切です。

_3 非認知的能力の重要性

　子ども子育て支援法では、保育の質が大切なポイントとなっています。そこで注目されているのが、近年の研究で明らかになってきた、非認知的能力の重要性です。幼児教育というと、これまではどちらかというと早期教育というイメージがあり、読み書きや計算ができたり、記録力や知識の理解ができたりといった目に見える力のほうに着目されがちでした。こうした力も生きていく上では大切ですが、社会の中の一員

として幸福に生きるためには、豊かな好奇心や自己肯定感、人と良好な関係が築けるといった、心の能力ともいえる非認知的能力が、大切だということが追跡調査などの研究により注目されています。そして、このような力を育むために大切な時期が6歳までの乳幼児期であることもわかっています。

　このような健やかな心を育むためにとりわけ重要な時期が、アタッチメント、基本的信頼感、自己肯定感が育まれる012歳頃です。アタッチメントは、特定の人との深い信頼関係を築くことととらえられますから、保育でも一人一人にていねいによりそうことが大切です。このような絆をよりどころとして、子どもは自己肯定感や人への基本的信頼感を培っていきます。保育では、保育者が子どもの欲求に愛情こめて応答的に関わることや、子どもが主体的に自由に探索行動をできるような環境を保障することが必要です。それについて指針の総則では次のように明記されています。

> 一人一人の子どもの状況や家庭及び地域社会での生活の実態を把握するとともに、子どもが安心感と信頼感をもって活動できるよう、子どもの主体としての思いや願いを受け止めること。
>
> 保 保育所保育指針　第1章総則1（3）保育の方法　ア
>
> 子どもが自発的・意欲的に関われるような環境を構成し、子どもの主体的な活動や子ども相互の関わりを大切にすること。特に、乳幼児期にふさわしい体験が得られるように、生活や遊びを通して総合的に保育すること。
>
> 保 保育所保育指針　第1章総則1（3）保育の方法　ア

保育者に見守られながら、主体的に探索活動を繰り広げることで子どもは心身共に健やかに育ちます。

それでは、次項では3歳以上の教育・保育に関するポイントについて考えてみましょう。

4 幼児期に育みたい資質・能力を明記

幼稚園教育要領、保育所保育指針、幼保連携型こども園教育・保育要領では、それぞれの施設は、ともに日本の未来を担う子どもたちのための大切な幼児教育施設であるとの考えのもと、共通した幼児教育のあり方が明記されました。それは、三つの柱と、10の姿としてまとめられています。

三つの柱

幼児期に育みたい資質・能力の三つの柱は、幼児期だけでなく小学校以降中学・高校を通して伸びていく力ですが、幼児期には、これらの力を子どもの自発的な活動である遊びによって総合的に育みます。

> 『三つの柱』
> ①豊かな体験を通じて、感じたり、気付いたり、分かったり、できるようになったりする「知識及び技能の基礎」
> ②気付いたことや、できるようになったことなどを使い、考えたり、試したり、工夫したり、表現したりする「思考力、判断力、表現力等の基礎」
> ③心情、意欲、態度が育つ中で、よりよい生活を営もうとする「学びに向かう力、人間性等」

> 幼 幼稚園教育要領　総則第2　保 保育所保育指針　総則4
> こ 幼保連携型認定こども園教育・保育要領　総則3

　①は認知的能力で、②と③が非認知的能力と考えられますが、これらの力は保育の中で子どもたちが遊びを通して培っていく力です。①の知識及び技能の基礎では、豊かな体験を通じてという点が特に重要です。幼児にとって知識は単に図鑑などで知ることではなく、まず実体験があることが大切で、それは例えば散歩にいったときに見つけた虫を観察したり、育てたり、興味をもって調べたりすることで自ら獲得する知識です。②の思考力、判断力、表現力等の基礎は、獲得した力を使って自分で表現してみることですが、そのとき失敗や試行錯誤を経験することも重要です。このような体験を経て子どもたちは失敗から学び次に生かす力や、必要なときには集中できる力、折れない心などしなやかな心の強さを獲得していきます。また、③はそのような体験をお友達と共有する活動などを通して自主と協調の態度を培っていく姿であり、人との良好な関係や人生に対する肯定的な態度につながります。こうした一連の活動は、保育の中で日々見られますが、身近な例としてドーナツやさんの遊びの例をあげてみましょう。

1　知識及び技能の習得
ドーナツやさんに行ったことをきっかけに、ドーナツを作りたくなった子どもたちが、紙をねじって彩色したり、粘土を使ったり、様々な造形技法でドーナツを作りました。

2　思考力、判断力、表現力の基礎
それを見ていた子どもたちも加わり、自分たちで工夫してお店でみた色々なドーナツを思い出しながらたくさんの種類のドーナツを作りました。それを売るお店の看板やメニューも相談しながら作りました。

3　学びに向う力、人間性など
お友達と一緒に、ドーナツやさんを開店することになり、役割を担当してドーナツやさんごっこがはじまりました。

4　知識及び技能の習得
自分たちで金額の確認もできるようになり、毎日売り上げも記録するようになりました。

　このように、子どもの興味からはじまる身近な遊びから、三つの柱が連鎖しながら複合的に育つ姿が見られます。保育では、この力を育むためにこの活動をしよう、と個別にとりだして身につけさせるという大人主導ではなく、子どもたちの主体的な遊びが広がるように保育者が素材などを用意して環境を整えることで、活動全体として三つの柱を総合的に育みます。そのイメージを図にしてみましょう。

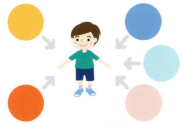

大人主導の保育

大人が子どもに指導する
子どもは受身

子ども主体の環境を通した保育

大人は環境を整え、
子どもが自ら主体的に関わっていく

　上の右図のように、子どもの主体的な活動を中心とした保育では、子どもが思わず関わってみたくなるような環境を5領域を考慮して整えます。5領域は複合的ですから、この遊びはこの領域と単純には分けられませんが、バランスよく遊びの環境を考えるための例として下に保育室の環境と5領域の例を示します。

	活動	保育室の環境	表現	言葉	人間関係	環境	健康
保育室内	創造的な活動	積み木　構成遊び	○		○		
	社会性を育む活動	調理台　人形　お店等		○	○	○	
	造形活動	造形のための空間	○				
	ルールのある遊び	机上のゲーム		○	○		
	調査・探求・科学的好奇心を育む活動	飼育観察　科学のための空間				○	
	くつろぎの空間	ソファ　柔らかい素材　絵本		○			○
	その他	遊びに応じて適宜					
外	運動	園庭　園外　ホール				○	○

幼児の保育室では、年齢別のクラスであっても異年齢混合クラスであっても、このような遊びの環境を整えることで子どもたちが自分の興味にそって主体的に遊べるように考慮します。表の活動のうち「その他」については、例えばごっこ遊びで船ができたり、お菓子の家ができたり、釣堀ができるなど、そのときの子どもたちの興味にそってできる環境であり、クラスの特徴となります。

10の姿

それでは、次に三つの柱とともに明確化された「幼児期の終わりまでに育ってほしい10の姿」についてあげてみましょう。

---

(1) 健康な心と体
(2) 自立心
(3) 協同性
(4) 道徳性・規範意識の芽生え
(5) 社会生活との関わり
(6) 思考力の芽生え
(7) 自然との関わり・生命尊重
(8) 数量や図形、標識や文字などへ関心・感覚
(9) 言葉による伝え合い
(10) 豊かな感性と表現

　　　　　　　　　　幼 幼稚園要領　第1章　総則第2-3　保 保育所保育指針　第1章　総則4
　　　　　　　　　　　　　　　　　　　　こ こども園要領　第1章　総則第1-3

これらの力は、5領域のねらい及び内容に基づいて、活動全体を通して育まれることが望まれる姿であり、小学校への接続として小学校教育と共有されることが期待されています。したがって、卒園がゴールではないとともに、3歳児、4歳児、5歳児それぞれの発達に適したその時期にふさわしい活動の積み重ねであることも十分に考慮する必要があります。10の姿は新しく明確化されたものではありますが、新しいものというよりも、これまでの幼児教育・保育で行われてきた5領域の内容をわかりやすくまとめたものと考えてよいでしょう。実際の保育の子どもたちの姿に基づいて5領域と10の姿を表してみましょう。

５領域と、幼児期の終わりまでに育ってほしい10の姿

数量や図形、標識や文字などへの関心・感覚

健康な心と体

自立心

思考力の芽生え

豊かな感性と表現

環境
数や図形の遊び
文字・記号への興味
自然とのふれあい

健康
ごっこ遊び
ルールのあるゲーム
社会生活習慣
話し合い

人間関係
ごっこ遊び
ルールのあるゲーム
社会生活習慣
話し合い

要領
生涯にわたる人格形成の基礎を培う指針
指針
現在を最も良く生き、望ましい未来をつくり出す力の基礎を培う

表現
音楽　リズム遊び
造形活動　劇あそび
構成遊び

言葉
言葉遊び
わらべうた
絵本　物語

自然との関わり・生命尊重

社会生活との関わり

協同性

道徳性・規範意識の芽生え

言葉による伝え合い

　上図のように、保育では、これらの力を総合的にバランスよく育んでいくことが必要です。それでは、10の姿を実際の保育での子どもたちの姿から具体的に見てみましょう。

健康な心と身体

　近くの森をジャングルにイメージして探検しています。自分たちのやりたいことに向って身体だけでなく心も十分に働かせながら、充実感と満足感を得ています。

自立心

　自分たちで育てたカブを収穫し、料理をするためにスライスしています。慎重に包丁を使って、カブを切りできあがった料理をみんなで食べるとともに、他のクラスにも分けました。主体的に関わり様々な活動を楽しむ中で、工夫しながら達成感を味わい、自信をもって行動するようになります。

協同性

　積み木を高く積み上げて、お友達と協力しながら、お互いの思いや考えを共有したり、工夫したりしています。途中で崩れても協力してすぐに積み上げるとともに、次はもっと丈夫にできる形を一緒に考えます。

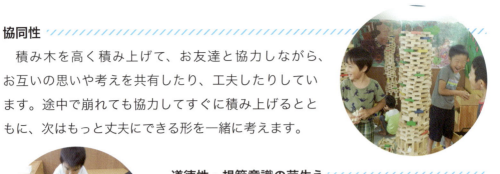

道徳性・規範意識の芽生え

　友達とゲームなど様々な体験を重ねる中で、ルールを守る大切さがわかり、自分の気持ちを調整し、友達と折り合いをつけながら、決まりを守るだけでなく必要に応じて決まりを作れるようになります。

社会生活との関わり

　夏祭で行ったお店屋さんを、役割を分担して再現しています。家族や地域の身近な人と触れ合う中で、人との様々な関わり方に気づき、自分が役に立つ喜びを感じるとともに、地域に親しみを持つようになります。

思考力の芽生え

　散歩で見たトンボについて調べながら、トンボの飼育について意見を交換しています。身近な事象に積極的に関わるとともに、友達の様々な考えに触れる中で、自分と異なる考えがあることに気づき、自ら判断したり、新しい考えを生み出す喜びを味わいながら、自分の考えをより良いものにしようとします。

自然との関わり・生命尊重

　お散歩に行ったときに見つけたカタツムリを、クラスで飼いはじめました。当番を決めて調理室にエサをもらいに行き観察すると、食べた物と同じ色の糞をすることに気づきました。身近な生き物を観察し、心を動かされる中で、生命の不思議さや尊さに気づき、生き物への接し方を考え、命あるものとしていたわり、大切にする気持ちをもって関わるようになります。

数量や図形、標識や文字などへの関心・感覚

　捕まえたちょうちょうについて調べて、自分たちで図鑑を作っています。遊びや生活の中で、様々な標識や文字などに親しむ体験を重ねたり、役割に気づいたりし、自らの必要感に基づいてこれらを活用し、興味や関心、感覚をもつようになります。

言葉による伝え合い

　朝の会では、落ち着いて絵本を聞いたり、その日にしたいこと、行きたいところについて意見を交わしたりします。先生や友達と心を通わせる中で、絵本や物語などに親しみながら、豊かな言葉や表現を身に付け、経験したことや考えたことなどを言葉で伝えたり、相手の話を注意して聞いたりし、言葉による伝えあいを楽しみ、イメージが行きかう喜びを味わいます。

豊かな感性と表現

　雷のイナズマを見て心が動いたことをきっかけに、お友達と一緒にひっかき絵の技法を使って、色鮮やかなイナズマを表現しています。心を動かす出来事などに触れ感性を働かせる中で、様々な素材の特徴や表現の仕方などに気づき、感じたことや考えたことを自分で表現したり、友達同士で表現する過程を楽しんだりし、表現する喜びを味わい、意欲を持つようになります。

　保育では、子どもたちが、心を動かす体験に出会ったとき、それを一人でまたはお友達と一緒に言葉や造形、積み木やごっこ遊びなど、様々な表現に生かそうとする意欲を保育者が適切に環境を整え支援することで、10の姿を総合的に育むことが大切です。そのためには、保育者は子どもたちを指示するのではなく、子どもが自由に表現できるような受容的な態度や、わくわくするような体験や素材を用意していくことなどが重要です。

　この章では、新しい要領・指針を基にこれからの保育の求められることについて考えてきました。子どもたちが意欲的に関われるように環境を構成し生活や遊びを通して総合的に保育することは、これまでの要領・指針同様に新三法令で保育の基本となっています。

続く第1章からは、子どもたちの主体的な遊びが広がるためのおもちゃなどの物的環境や人的環境としての保育者の役割について具体的に考えてみましょう。

第1章

遊びとおもちゃ

1 見える力、見えない力

　子どもたちは生まれてから小学校に入学するまでの6年ほどの間に、めざましい成長をとげます。下のA・A・ミルンの詩には、そんな6歳までの発達が、子どもの視点でわかりやすく表現されています。

　　　　六つになった
　　　　一つのときは、　なにもかもはじめてだった。
　　　　二つのときは、　ぼくは　まるっきり　しんまいだった。
　　　　三つのとき、　ぼくは　やっと　ぼくになった。
　　　　四つのとき、　ぼくは　おおきくなりたかった。
　　　　五つのときには、なにからなにまで　おもしろかった。
　　　　今は六つで、　ぼくは　ありったけ　おりこうです。
　　　　だから、いつまでも　六つでいたいと　ぼくは思います。
　　　　　　　　　　　　　『母と子の詩集』周郷博著 国土社 1990

　1歳のとき、はじめて見る周りの世界を知ろうと、子どもは探索をくりひろげます。2歳は自我が芽生え、なんでも自分でやりたがる新米です。でも、3歳になると親と一体だった世界から一人の存在として自立への一歩を踏みだすようになります。発達の節目を迎え自分の姿を客観的に見つめることで、自分がそれほど大きくはないことに気づくのが4歳の頃。そして、遊びがダイナミックに展開される5歳を迎えます。こうして子どもたちは、やがて自分を表現しながらお友達との関係も深まる、たくましい6歳の姿へと成長していきます。
　この詩の作者であるミルンの代表作は、『クマのプーさん』ですが、これは、幼い少年が空想の森で過ごす姿がユーモラスに描かれているファンタジーです。そこでは、大人社会の尺度とは違ったゆったりとした時間が流れていて、少年はその森で心ゆくまで空想世界の仲間たちと遊びに没頭しました。
　この物語に描かれているように、子どもたちが遊びに夢中になっている様子を見ていると、幼児期を生きる子どもはみな、ファンタジーの世界と現実の世界を自在に行き来していることが感じられます。その姿はいきいきとして創造性にあふれています。積み木の船で大海原を航海したり、ビーズで作ったネックレスでお姫様になったり、時にはけ

『クマのプーさん』（岩波書店）

んかになって悔し涙を浮かべることも含め、子どもたちの主体的な遊びによる数々の体験は、大人からの一方的な指導では決して得られないものです。そのような遊びが豊かに展開されるためには、どの子も安心できて、遊びに没頭できるゆったりとした

時間、遊びが広がる空間、仲間、遊びの道具であるおもちゃなどの環境を整えること、そして子どもたちの遊びを身守り支援する大人の存在が大切です。

『幼稚園教育要領』『保育所保育指針』『幼保連携型こども園教育・保育要領』でも、遊びの重要性について繰り返し強調されているように、子どもにとって遊びは発達に欠かせないものです。したがって保育では、環境を通して子どもたちの主体的な遊びを保障することが必要です。

そこで、この章ではまず子どもにとっての遊びの重要性とそのための道具としてのおもちゃの選び方、そして、保育者の役割ついて考えてみたいと思います。

2 遊びで育まれるもの

人間の子どもたちだけでなく、子どもはどの動物も可愛らしく、じゃれあう仔猫やおいかけっこをする仔ウサギなど、その遊んでいる姿はとても微笑ましいものです。しかし、無邪気に見えるこのような遊びを通して、仔猫たちは将来獲物を獲るために必要な瞬発力などを養い、草食動物である仔うさぎたちは逃げるのに必要な脚力などを養っています。人間の子どもたちにとっても、遊びの中で育まれる力は、社会性・創造性・問題解決能力など、将来必要となる大切な力です。生き物に生得的に備わっている力もそれを使わなければ本当に使える力にはなりません。獲物が獲れない肉食動物や走れない草食動物が、野生の中で生きていくことは難しいでしょう。子どもたちも遊びを通して人として生きる力の基礎を獲得していきます。一般的には「よく遊び よく学べ」と言われ、遊びは学ぶこととは対局の概念として認識されていますが、乳幼児期の子どもたちにとっては、遊ぶことは学ぶことそのものです。

子どもたちが、遊びを通して育む様々な力については、第2章で詳しく述べますが、ここではまず乳幼児期の子どもにとっての遊びの重要性について考えてみ

ましょう。

　第一に、遊びは子どもの発達を幅広く支援します。乳幼児期は、遊びや生活など体験を通して総合的に発達していく時期です。例えば、物をつかむことができるようになった乳児は、手当たり次第に物を手に取り、舐めて振って遊びます。このように物に働きかけることで、手の力だけでなく視力や聴力など、他の感覚も育まれます。また、つまむことができるようになると、ポットン落としなどで、飽きることなく、遊

びを繰り返しますが、こうして手の機能を発達させながら、空間の認知なども育まれ、満足感や喜びの感情も生まれます。子どもは、獲得したばかりの力やこれから獲得しようとする力をすすんで使いながら、幅広く多様な力を培っていくのです。

　次に、遊びは前の章でも述べたように認知的能力のみでなく社会性など非認知的能力と言われる目に見えない力を育みます。そのような力は、理屈で説明したり教材で教えたりすることはできません。それは子どもが遊びなどの実体験を通して自ら獲得する力です。例えば、子どもは積み木で高い塔を作るようになると、お友達と協力して積み上げるようになり、背丈よりも高くなると椅子などを台にします。そして、台に昇って積み木を積み上げる子、積み木を手渡す子、周りの積み木を集める子など、遊びの中に自然に役割が生まれます。全体を見て崩れそうなところがないか調整する子どもも現れます。このような役割分担からはじまり、やがてそれぞれの得意なところを生かしながら、集団の遊びが展開される協同遊びへと発展していきます。こうして子どもたちは遊びの中で段階を経ながら、社会の中の人として必要な自主と協調の態度を培っていきます。

　また、子どもは遊びを通してルールの大切さを知り、守ろうとするようになります。はじめは、遊びに夢中になるあまり、ルールを守れなくなる姿も見られますが、やがてそれではお互いに楽しく遊びを継続することができないことを経験すると、ルールの大切さを実感します。やがて、それを守るだけでなく、小さい子のためには特別ルー

ルを作るなど、その場の状況に応じてルールを自分たちで作りだすこともできるようになります。このような遊びの経験をせずに、ただルールだけを教えられても、子どもはルールの大切さを本当に理解しているわけではないので、「決まっているから」「大人に言われたから」という受身の態度となってしまいます。

　さらに、遊びは子どもが主体的に行う活動であり、そこには子どもの試行錯誤と発見があります。子どもは積み木を積もうとして、倒れても何度も積み直しな

がら、慎重に手先を動かすこと、積み方、形の特徴などを発見します。失敗ができて、それを子どもが自分で工夫して何度でもやり直すことができるのが遊びの力です。主体的な遊びは、試す→工夫する→発見する→予想してもう一度試す、という一連の流れの繰り返しであり、それは子どもに満足感と自信、失敗から学ぶ力を与えてくれます。

　そして、遊びは豊かな好奇心を育みます。例えば、はじめはうまくとばせなかった凧もあれこれ試すうちに、やがて風の向きなどを考え工夫して上手にとばせるようになりますが、それは、科学的な興味につながる体験でもあります。面白そうだなと思うもの、興味のあるものを手にとって遊びながら、思い思いに試し自分なりの法則性を導くことは、子どもに考える楽しさや喜びを与えてくれます。幼児期には、知識よりも自分でやってみて発見する体験の方がはるかに重要であり、それが新たな興味へとつながります。

　このように、遊びは身体的側面、情緒的側面、社会的側面、知的側面のそれぞれにおいて、子どもの発達にとって重要な役割を担っています。それでは、具体的に保育の中で私たちは遊びをどのようにとらえ、実践すればよいのでしょうか。次の項では、その方策について考えてみましょう。

3　保育の中の遊び

　幼稚園要領、こども園教育・保育要領で「幼児の自発的な活動としての遊びは、心身の調和のとれた発達の基礎を培う重要な学習であることを考慮して、遊びを通しての指導を中心として」（第1章総則第1）と明記され、指針でも「生活と遊びを通して総合的に保育すること」（第1章総則1－(3)－オ）とされているように、幼稚園・保育所・こども園では遊びが活動の中心となります。子どもの発達を支える保育での遊びについて、要領・指針の考え方をもとにあらためて考察してみましょう。

1) 活動は、遊びを中心として総合的に行う

　子どもは遊びを通して日々多くのことを学びますが、そのような遊びを通した学習

は、学童期以降の学習とは違う学習のあり方です。学校の教科学習は、教科ごとに系統立てて学ぶものですが、幼児が遊びから学ぶ様々な能力は、相互に作用しながら総合的に獲得されるものです。一見、何も

学んでいないように思われても、子どもが主体的に遊ぼうとするものに無駄なものや無意味なものはないと思ってよいでしょう。積み木を積んでは崩す1歳児の姿、アリの行列をじっと見つめる2歳児の姿など、そのとき子どもが夢中になる活動を大切にすることが必要です。遊びによって子どもたちが獲得する力は、単に何かができるようになるという短絡的なものではなく、もっと複合的に発達を支える力です。

2) 子どもの主体性を大切にすること

　子どもは、自分が興味のあるもの、面白そうだと思うものには意欲的に関わります。ですから、保育者主導の一方的な指導では、一人一人の意欲を十分に育むことはできません。また、いつも指示されていたのでは指示待ちの態度が身についてしまい、子どもたちの主体性や自発性を育むこともできません。従って、環境を通して行う保育で大切なことは、子どもの興味によりそいながら、それをふくらませていくことです。そのためには、子どもが思わず遊びたくなるような魅力的な環境が必要です。自然事象、社会事象とともに、保育室では子どもの興味と発達にあったおもちゃや素材を選び、適切に入れかえていくなどの配慮も大切で

す。その上で、人的環境である保育者は子どもの遊びが発展する中で起こる変化にも柔軟に対応しながら、遊びを支援していくことが望まれます。子どもが主体的に遊ぶことの重要性について、『3法令ガイドブック』注①に次のように明記されています。

　（幼児期の終わりまでに育ってほしい10の姿の説明には）「自分のやりたいことに向って、と書かれていますが、実はこの言葉の意味が大事です。「今の子どもたちは体力がなくなっている」だから「もっと走らせなければ」「もっと厳しく鍛えないと」となりがちです。でもそれでは、子どもたちは自分で本当にやりたくてしているかどうかわかりません。そして、させられているという感覚があれば、身に付かないということもわかってきています。」

注①『3法令ガイドブック』（無藤隆　汐見稔幸　砂上史子著　フレーベル館　2017）

これは、保育者には実感があると思いますが、子育て支援の観点から、保護者にも主体性の大切さをていねいに伝えていく必要性を感じます。

3) 遊ぶ過程で得られる満足感や充実感を大切にすること

　子どもは遊びを通して様々な力を獲得しますが、子どもにとっては遊ぶことそれ自体が目的ですから、遊んでいる時間そのものが大切です。子どもは主体的に遊ぶとき、時間のたつのも忘れ集中して遊びに没頭します。子どもが満足感や充実感を得るのは、何かができたということやたくさんの種類のことをやったということだけでなく、遊びの過程そのものにこそ意味があります。大人はどうしても結果にとらわれがちになりますが、子どもが遊びの中でどれだけ充実感や満足感を得ることができたかに目をむけることが重要です。

4) 子どもの発達を幅広く見通しをもって支援すること

　子どもの遊びは、心身の健やかな発達に欠かせないことが要領・指針では繰り返し述べられています。それは大人の側の目的ありきという意味ではありません。しかし、ただ遊びを放任するのではなく、子どもの遊ぶ姿を見守りながら、その遊びがさらに発展するように、道具を整えアイデアを提供していくことで子どもの発達に見通しをもって援助することは必要です。

　例えば、自分で着脱をしようとする頃には、ボタンやファスナーのおもちゃを用意するなど、遊びの支援は一人一人の子どもの発達にそった生活全般を見通した支援でもあります。

　そしてまた、同じおもちゃを使っていても、遊びは子どもの数だけあります。したがって、子どもの遊びを見守ることで、一人一人の発達や個性に気づくことは、保育全般にわたる個々のていねいな支援となり、保育の質の向上につながります。

5) 子ども同士の関わりを大切にすること

　子どもは10ヵ月から1歳頃になるとお友達の存在が気になりだし、保育者とお友達が遊んでいるとそちらに近づいて行ったり、お友達の持っているおもちゃを自分も触りたがったりするようになります。やがて、1歳半頃になると、自我が芽生えることでおも

ちゃの取り合いなどもおこります。けれども、大人の仲立ちにも助けられながら、お友達と喜んで遊ぶようになります。幼児期にはいり、4歳頃にはお友達とのつながりが強くなることで喧嘩も増えますが、やがて5歳になる頃には、子ども同士の関係も深まりをみせ、お互いに信頼感を得て、大人に頼らず自分たちで問題を解決しようとするようになります。

　このような子ども同士の関わりを通して、子どもはお互いの良さを認め合いながら、自分に自信を持つようになります。これは、遊びを通した仲間との関わりの中で個が成長していく過程に他なりません。少子化により、家庭や地域で異年齢の関わりが減少している現在、保育の現場での子ども同士の関わりはいっそう大切なものとなっています。特に異年齢の関わりでは、年上の子は年下の子どもへの思いやりやいたわりの気持ちを育む機会となり、年下の子にとっては年上の子どもから様々な刺激を受け憧れの気持ちを抱く機会となります。

6）子どもが自ら関われるように人・物・場の環境を構成すること

　子どもの遊びが豊かに展開するためには、人的環境とともに、道具であるおもちゃや素材、遊びが展開できる空間、さらに、遊びに没頭できるだけの時間を保障することが必要です。おもちゃは子どもが遊ぶために適切な数が必要です。いつでも子どもが自分で手にとって遊べるようにするとともに、遊びの様子を見て必要に応じて適時入れかえていくなどの配慮が欠かせません。また、保育室の環境は第3章に詳しく述べますが、一人で自分の遊びに向き合ってじっくり遊びたい子どもにとっても、お友達同士イメージを共有して遊びたい子どもにとっても、それぞれの遊びが保障できるように配慮する必要があります。

　このようにみていくと、要領・指針における遊びのとらえ方は、遊びは子どもの活動の中心であり、子どもの主体性やその過程、個々の遊びや子ども同士の関わりを大切にしながら、子どもの発達を支援するものであると考えられます。そのような遊びのための環境として、人的環境とともに、おもちゃなどの物的環境が重要な要素となります。

　それでは、次の項で遊びの道具としてのおもちゃについて考えてみましょう。

4 おもちゃを選ぶ視点

　世界で初めての幼稚園をつくったフレーベル（F.Fröbel,1782–1852 独）は、子どもたちが遊びながら様々な能力を獲得することを発見し、子どもにとって遊びがいかに大切であるかを唱えました。さらに、「遊びは偶然にまかせてはいけません。子どもは遊びを通して学習するからです。それも熱心にすすんで学習するからです」と述べています。このような理念に基づいて作られたものは、基尺(きじゃく)注②のあった積み木など、今も保育の現場で広く使われています。

　子どもにとって、遊びは生活そのものです。石ころや木切れ、木の実や身近な生活道具も子どもには素敵な遊び道具です。自然に触れ自然の素材で遊ぶことは、子どもの感性を育むために大切です。それとともに、子どもの発達に適したおもちゃが発達を支援します。

　子どもが一片の木切れを動かして、「ブーブー」と自動車に見立てて遊んでいるとき、そこから想像がふくらみますが、そのイメージがさらに広がって車庫や道路を作りたいと思ったときには、積み重ねることができる積み木が木片や石ころよりも使いやすく、子どもの遊びが広がります。また、街を作るために高く積み重ねるようになると、積み木の基尺が大切な要素となり、数も必要になります。こうしてたくさんの数の積み木による遊びが展開すると、お友達同士で遊びも共有され発展します。

　保育では、このように子どもの遊びの発展と、発達の道すじにそって、環境としてのおもちゃを用意していく必要があります。そのためには、どのような観点からおもちゃを選んでいくとよいのでしょうか。

　一口におもちゃといっても様々なものがあります。美容院や携帯電話のお店に行くと待っている子どものためのコーナーが設けられていて、そこにはよくボタンを押すとピカピカ光り、音の出るおもちゃが置かれています。このようなコーナーは、子どもの主体的な遊びのた

注② その積み木の基本となる寸法。積み木セットの一番小さい立方体の1辺の長さを指す。フレーベル積み木の基尺は3.3センチ

めの空間ではなく、大人の邪魔をしないでいてほしいという、大人の都合で作られた空間です。こうした視点で選ばれる、子どもの興味はひくけれども、子どもの遊びは広がらず、ある程度遊んだらすぐに飽きられてしまうおもちゃは、子どもにとっては受け身の遊びであり、発達を支援するおもちゃではありません。これらは食事に例えると、たまの楽しみで食べる程度の駄菓子類といえるでしょう。

　一方、子どもの遊びが主体的に広がる子どもの道具として選ばれるおもちゃは、食事に例えると三大栄養素です。子どもたちの発達を支え、主体的な遊びに応えられるものです。それは、精巧で基尺の統一された積み木や子どもの身体の大きさに合った調理台や調理器具、手指の発達に適した操作・練習遊びのおもちゃなどです。保育ではそのようなおもちゃを、食事が離乳食から幼児食へとすすめられるように、子どもの発達に応じて段階的かつ見通しを持って選んでいく必要があります。それでは、具体的におもちゃを選ぶときの視点について考えてみましょう。

1）素材について

　素材については、第一に安全なものであることはいうまでもありません。また、木だから良い、○○だから悪いというのではなく、子どもの発達にあっていて遊びが発展しやすいかどうかに焦点をあてて考える必要があります。

　例えば、かつておもちゃの量販店で販売されていた軽いプラスチック製のドミノ倒しがありました。ところが、これはちょっとした振動ですぐに倒れてしまいます。これでは子どもがたくさん並べて長いドミノ倒しを作るには適さず、遊びこむことができません。ドミノ倒しは木製で薄すぎないものが安定がよく、できあがって倒すときにはカタカタと軽快な音をたてて見事に倒れていきます。このようにおもちゃは、その遊びに最も適した素材を選ぶことが必要です。素材や品質の確かさには、遊ぶ子どもの立場に立ってその育ちを考えて作られているか、おもちゃの作り手側の子ども観が反映されます。

　素材についてさらに例をあげると、乳児のおもちゃは、五感が豊かに育まれるように軽く、なめても安全で自然な音と感触の滑らかな木製のものをはじめ、柔らかなタオル素材、にぎるとつぶれてまた戻る可逆性のある素材など、様々な感触のものを意識すると良いでしょう。また、ベビーベッドにつけるベッドメリーなどは、電動でグルグル回り機械音をたてるものでは

なく、子どもが偶然手を触れたときに触れ合う木やスズなどが優しい音を奏でるおもちゃの方が、赤ちゃんが自分から働きかけようとする主体性を育みます。天井から吊るすモビールは、わずかな風で動く軽い素材で、視力が十分ではない子どもにも見えやすい色彩のものが適しているでしょう。

　積み木を例にあげれば、0歳児には木製で中がくりぬいてあるものや、布製のものが軽くて安全です。2歳頃になると積み木をしっかりつかんで遊ぶので、手全体で握りやすい基尺が5cmほどの大きめの積み木がよいでしょう。この時期は色に興味を持ってそろえたり並べたりしますから、2歳児クラスの年度前半は白木よりもカラーのものの方が子どもたちの興味をひきつけます。後半にお友達と遊びが広がる頃には、同じ基尺の白木の積み木や、動物や木の形の積み木なども加えていくと、イメージを共有しやすくなり平行遊びから連合遊びへの橋渡しとなります。幼児期になると高く積み重ねるようになりますから、彩色されているものよりも白木の積み木の方がすべりにくく、イメージの幅も広がります。

　このように、子どもの発達や遊びの様子に応じて、そのときの子どもの遊びに最も適した遊びやすい素材をていねいに選ぶとよいでしょう。

2）デザインについて

　デザインは、主観的な部分もあり表現することが難しいのですが、子どもの創造性を育むためには、おもちゃそのものが主張しすぎないことが一つの要素です。子どもにとっては、石ころやドングリがおもちゃになるように、シンプルな物の方がイメージが広がります。

　例えば、積み木の中には絵がついているものがありますが、そのイメージが強すぎて子どもの想像性を邪魔してしまいます。子どものイメージに応じて、積み木は乗り物にも、食べ物にも、建物にもなりますから、余計な絵は必要ないと思います。

　また、人形も笑顔のものよりも、無表

情のものの方が子どものイメージに応えます。ごっこ遊びでお人形は時にはお腹が痛くて泣きますし、うれしくて笑います。これは食材についても同じで、食べ物の形をした物はハンバーグはハンバーグにしかなり得ずイメージが限定されますが、お手玉や花はじき・フェルトにすると、様々な食べ物に見立てて遊ぶことができます。

チェーンリング、フェルト、お手玉等を食材にしたメニュー例

　子どもたちのイメージに応えるために過剰なデザインは抑える一方で、乳幼児期は感性を育む大切な時期でもありますから、デザインとして質の高いものにも出会わせてあげたい時期です。例えば、すぐれたデザインのおもちゃの一つであるネフの積み木は、重ね方のバリエーションが多彩で子どもがどんなふうに重ねてもオブジェのように美しいため、子どもに満足感を与えます。このようなおもちゃからは、作り手側の、子どもの道具だからこそ最高のものをという意気込みや子どもへの信頼が感じられます。

ネフの積み木

キュービックス　　アングーラ　　セラ

3) 大きさについて

　遊びが発展するためのおもちゃや家具は、子どもの身体の大きさに適していることが大切です。例えば、2歳〜3歳の子どもたちは身長が80cm〜100cm台ですから、お世話遊びの調理台の高さは、床からレンジ台までが50cm位が遊びやすい高さです。4歳〜6歳になると身長が105cm〜120cmになり調理台も60cmほどが適しています。また、一緒に遊ぶおもちゃ同士も大きさが合っていることが必要です。基本的なことですが、調理台で使うお鍋の大きさと調理器具の大きさが適していることやお人形とお人形用のベッドや椅子の大きさが合っていることは大切です。

　積み木も子どもたちの遊びの発展にともなって形のバリエーションを増やしていくときに、基尺が違っていては一緒に積み重ねて遊ぶことができませんから、積み木同士の基尺の統一は遊びの発展のために重要な要素です。そのような経験を経て年長頃になると、工夫して基尺が違うものや布、自然素材なども組み合わせて活かすようになります。

　以上のように、基本的に大きさについては子どもの身体に適した大きさであること、一緒に遊ぶおもちゃ同士の大きさが合っていることの両方に配慮が必要です。

4）その他の視点

　子どもは、シンプルな重ねカップやチェーンリングで創造的に様々な遊びを繰り広げます。子どもの発達にあわせて長く遊べるおもちゃには、大人から見るとどうやって遊ぶのだろうと思うようなおもちゃもたくさんあります。しかし、子どもは遊び方を誰にも教えられなくても、思いのままにおもちゃを触り、働きかけながらその時期の発達や興味に合った遊びを展開していきます。その姿からは、大人が考えもしなかった遊びがあり、子どもがおもちゃとともに遊びを創りだしていることが感じられます。よいおもちゃとは、このように子どもの働きかけに柔軟に対応でき、子ども自身による発見がある、子どもとコミュニケーションのとれるおもちゃです。

　以上のような観点を基本に、子どもの遊びが主体的に広がるためには、おもちゃは主に次のような点に考慮するとよいでしょう。

- 遊びに適した素材であること
- 子どもからの働きかけに応えられる、素朴だけれども遊びが多様に広がるもの
- 安全性、品質、デザインに優れた良質のもの
- 子どもの身体の大きさにあっているもの
- 一緒に遊ぶおもちゃ同士の大きさがあっていること
- 子どもの心身の発達や興味に適しているもの
- 丈夫で繰り返し遊べるもの
- キャラクターの図柄がついていないなど、おもちゃの主張が強すぎるものでないこと

環境としてのおもちゃは、これらのことを念頭におき、子どもの発達や人数、遊び方に応じて数や種類を考慮して配置します。

5 主体的な遊びを支援するための保育者の役割

前の項で述べたように、子どもが主体的に関わろうとするおもちゃは、個々の子どもの発達や興味にそって様々な遊びが展開できるものです。ですから、同じおもちゃでも、子どもの数だけ遊びがあります。そこからは、何気なく見ていると気づかなかった成長や一人一人の個性、発達の姿が見えてきます。この項では、そうした個々の遊びを通して子どもを理解し発達を支援するための、保育者の役割について考えてみましょう。

1) 一人一人の発達の連続性を大切にする

子どもが主体的に活動できるように、一人一人の発達の道すじや興味を考慮した遊びをとりいれていくことが必要です。

1歳6ヵ月頃を例に考えてみましょう。この頃には連続のぐるぐる描きができ、

ノックアウトボール

手首の回転を使って、道具も使えるようになりますから、子どもはトンカチのおもちゃなどに興味をもちます。わらべうたでは、両手のこぶしで膝をたたくなど、手を使った簡単なしぐさ遊びを楽しめるでしょう。こうした遊びの体験が、手首の回転を自分で調整する力となりスプーンを下から持てるなど、生活の力となります。このように遊びを中心とした環境を通した保育では、養護と教育の一体化によって生活全体を見通しながら、次のような点に配慮して子どもの発達を支援します。

- 暦年齢にとらわれず一人一人の発達の道すじの連続性を考慮し、見通しをもっておもちゃを用意する。
- 子どもの遊びの様子をていねいに観察し、省察しながら、必要に応じた援助をする。
- そこで明らかになったことを次の環境構成に反映して、

一連の流れとして遊びをとらえて保育に生かす。

その上でねらいや計画には、個々の子どもの興味・関心・生活面の課題・お友達との関わり・季節の変化などを考慮していきます。

2) 子どもの様子をよく見て、応答的に関わる

保育者は、今子どもが熱心に遊んでいることが、その子にとってどのような意味があるのか、そして、それはこれまでのその子の発達の道すじや生活の経験からどのように展開してきたのかについて、子どもの遊びをよく観察して理解することが必要です。

例えば、ある時園庭の遊具についている縄のところに行って揺すってうれしそうにしている１歳の子どもがいました。それはうっかりすると見過ごしてしまうようなちょっとした遊びでしたが、担任はその子どもとお散歩に行った経験から、その子どもが神社をイメージしていることがわかりました。そして、その子のそばで保育者も綱を揺すって柏手を打つことで、一緒にお散歩に行った他の子どもにもイメージが共有され遊びが広がりました。このように子どもと同じ目線に立ってイメージを共有することは、保育の様々な場面で生かされ、子どもの心の動きや行動への理解につながります。子どもは、自分が理解されているという安心感から自分への自信と人への信頼感を深め、さらに意欲的に遊びや活動にとりくめるようになります。それは、子どもと多くの時間をともにしている身近な大人である保育者だからこそできる発達の支援です。このような姿を、保護者の方にこまめに伝えておくことで、保護者が子育ての喜びを実感することにもつながります。

3) 遊びのモデルを示す

また、保育者は子どもに遊びのモデルを示すという役割もあります。例えば、保育者が楽しそうに縄跳びをする姿をみて憧れ、自分も先生のようにやってみたいと思う気持ちは、縄跳びへの意欲につながります。保育者が指示や管理をするのではな

く、遊びのモデルを示して一緒に遊ぶことで、子どもの意欲や好奇心は育まれます。子どもは、自分が楽しいだけでなく一緒にいる身近な大人も楽しんでいるときに、心から満たされ満足することができます。子どもを見守りながら、楽しさを共有しようとする保育者の姿勢は、遊

びの発展にとっての大切な要素です。そしてまた、人格の基礎を培うこの時期の子どもたちにとって、身近な大人である保育者は遊びにおいてだけでなく、物事の良し悪しの判断、思いやりの態度など、幅広い意味でのモデルでもあります。そのためには、専門的知識や技術と判断が必要となりますから、保育者は常に専門性の向上に努めることが求められます。

4）見守り、適切に支援する

さらに、保育者は子どもの遊びが停滞したり、課題を抱えたりしているときには適切に援助することが必要です。保育者が直接に解決するばかりでなく、遊びが発展するようなヒントやアイデアを出したり、子どもの気持ちを代弁したり、子ども同士の話し合いの調整役になったりするなど、その時の状況によって様々な援助の仕方を考えます。その基礎となるのは子どもとの信頼関係です。保育者に見守られていることで、子どもは自分を表現することができます。このような援助が、子どもの自立心や生きる力、自分で気持ちを立て直して問題を解決しようとする力となります。

以上のような点に重点を置きつつ、主体的な遊びが中心の環境を通した保育を実践するための保育者の役割は、他にも次のような点があげられます。

- 発達の見通しをもって、5領域をふまえて環境を構成する。
- 保育者自身も人的な環境であることを意識し、大声をだしたり主張の強すぎる服装になったりしないようにする。
- 子どもの遊びに応じて、柔軟に環境を変化させていく。
- 遊びのための素材や材料を、スピード感をもって整えていく。
- 子どもの遊びをよく観察し、子ども理解と共感に努める。
- 子どもが自己を十分発揮できるように、安心感を基盤とする。

第1章では子どもの遊びとおもちゃについて基本的な視点で捉えて考察しました。続く第2章では、子どもの代表的な遊びを取り上げ、0歳から6歳までの縦の流れで子どもの発達と遊びについて実践的に考えていきたいと思います。

第 **2** 章

子どもの発達と遊び

子どもたちは、保育の中で色々な遊びを繰り広げています。それらの遊びの中には複数の要素がふくまれていて、かつ変化していきますから、遊びを分類することは遊びの本質にはなじまないでしょう。けれども、遊びを通して子どもたちの発達を支援するために、私たち大人には遊びをある程度系統だてて理解する視点もまた必要ではないかと思います。

　そこで、この章では遊びをおおまかに分け、子どもたちがそれらの遊びを通してどのような力を育んでいくのか、そして、そのために私たちはどのように遊びの環境を提供していけばよいのかを考えていきたいと思います。

1　手や指を使う遊び

　保育では、子どもたちが自ら環境に関わり、自発的に活動し、様々な経験ができるように配慮することで、一人一人の発達を見通しをもって支援します。子どもたちの遊びは、乳児の頃の手を使う遊びからはじまります。したがって、子どもたちの遊びと発達を考える手立てとして、まずこの手や指を使う遊びから考えていきたいと思います。

　乳児は目の前の物に手を伸ばし、口にいれ、つかんで、たたいて、ひっぱって、手を使って意欲的に世の中を知ろうとします。乳児期の手や指の動きは日毎といってもよいほどめざましく発達していきます。

　こうして手を精一杯に使おうとする姿からは、成長のエネルギーが感じられます。乳児が手や指を使って、周りの世界にはたらきかけようとする気持ちに応えられる環境を用意することは、心身の幅広い発達にとってとても大切なことです。

　やがて、幼児期になると、子どもは目的を持って手や指を使った様々な遊びを展開するようになります。伝承遊びにも、手を器用に使って遊ぶものがたくさんあります。折り紙・あやとり・けん玉・コマまわし・おはじき・ビー玉など、昔から子どもたちは手を巧みに使って遊んできました。

　ところで、かつてはふだんの生活の中でも、お手伝いなどで豆をサヤからだしたり、雑巾をしぼるなど、手を使う機会がたくさんありました。今あらためて身

の回りを見渡すと、日常生活の中で手や指の巧緻性を育む機会はずいぶん減ってきました。子どもたちの水筒のフタもひねって開けるものではなく、ワンタッチ式のものが多くなりました。

このような現状をふまえ、今保育で乳児期の探索活動はもちろん、幼児期全般にわたって手や指をたっぷりと使う遊びを意識して取り入れる必要性を感じます。手や指の機能がめざましく発達する乳幼児期に日々の生活や遊びの中で、しっかりと手指を使うことが幅広く子どもたちの成長を支えます。

それでは、子どもが手や指を使う遊びで、具体的にどのような力を育んでいくのかを、実際の子どもの姿を通して考えてみましょう。

1）手や指を使う遊びで育まれること

❶ 手指を使ってはたらきかけ自分と周りの世界を知る

ぎゅっと握っている乳児の手にガラガラをもたせてあげると、なめたり、見つめたり、振って音を鳴らしたり、五感を使って知ろうとします。このように乳児は、手を使って周りの環境にはたらきかけながら、少しずつ自分自身や周りの世界を認識していきます。

❷ 自我の芽生えを支える

1歳台にますますめざましく発達する手や指の動きは、ひねる、つまむ、道具を使うなど、探索の範囲をひろげていきます。こうして自分の意思で手や指を存分に動かして行動し、その変化する様子を確認することは、子どもに満足感を与えます。こうした探索遊びを十分に楽しむことが、自我の芽生えを支える原動力となります。

❸ つまむ、通す、ひねるなど、多彩な機能

一つの遊びの中には、多彩な手の動きが必要です。ビーズを通すという一見単純

な遊びの中にも、①ビーズをよりわける ②ビーズをつまむ ③穴の向きを定めて持つ ④反利き手で糸をつまむ ⑤糸の先を微調節して通す ⑥両手を協調させながら通したビーズを移動させる、という一連の手の動きがあります。これらの活動を子どもたちは集中して何度も繰り返します。手や指を使う遊びは、利き手だけでなく反利き手も使って、日常の生活だけでは子どもたちが体験できない手指の機能を複雑で多彩に発達させていきます。

❹ 道具を効果的に使う

　3歳頃の子どもたちが遊ぶおもちゃに、小さな大工さんというおもちゃがあります。このおもちゃは、ハンマーで小さな釘を打つものですが、遊びはじめは子どもはハンマーをなかなか上手に打つことができません。しかし、やがて狙いが定まりやすいようにハンマーを短く持つようになります。そして、遊びに慣れて狙ったところに打てるようになると、今度は効率よく力が入るようにハンマーを長く使うようになります。子どもは試行錯誤を重ねて、自分の能力に合った道具の使い方を獲得し、かつ進化させていくのです。遊びでは大人が「指導」などしなくても、子どもが自分で発見することができ、これが遊びの魅力です。遊びの中で道具を使う力は、お箸やスプーンなど、日常生活の力として活用されます。

❺ 手と目の協応

　ビーズ通しや小さな大工さんで遊ぶためには、手や指の動きとともに、手と目の協応が大切です。ビーズ通しでは、ビーズの穴をよく見ながらそこに糸を通すために両手で調整します。小さな大工さんでは、小さな釘の頭をよく見て狙ってそこをめがけてハンマーを打ちます。さしたり、入れたり、つなげたり、あらゆる手や指を使う遊びで、手と目の協応が育ちます。

❻ 巧緻性

　子どもは、3歳頃になると上手にコマを回すようになりますが、その時、指先はつまんでひねるという二つの動作を協調して巧みに行います。5歳頃になるとひもを

使って巧みにコマを回すこともできるようになります。遊びが進化するに伴い、子どもの手先の巧緻性もますます高まります。特に巧緻性が高まる幼児期後半、指先を使った遊びをたっぷりとできる環境が大切です。

❼ 根気や集中力

　手や指先を使った構成遊びには、たくさんのピースをはめていくものが多くあります。2歳〜3歳頃から遊べるリモーザは、フレームに小さなピースをはめていく遊びですが、一つのフレームを完成させるためには100個ものピースをはめていくことが必要です。これを子どもは夢中になって作り上げていきます。子どもは遊びに没頭するとき、驚くほどの根気と集中力を発揮します。

❽ 表現力、創造性、秩序感

　自分を表現することは、子どもにとっても大人にとっても満足感が得られる楽しい活動です。一見単純な通したり差し込んだりするだけに思える遊びでも、順番にこだわったり、同じ色をそろえたり、模様をつくったり、子どもはそこに自分を表現します。おもちゃの素材や特徴を生かしながら、様々に展開される子どもの表現は創造的です。見守られながら安心できる環境のもと、幼い頃から遊びを通して自分を表現する体験を重ねることで、表現力や創造力も育ちます。

❾ 数や図形の概念など認知的能力

　本来、子どもが主体的に関わるおもちゃは、幅広い遊びが展開でき、大人の側が何か特定の知識や技能を育てようと意図する知育玩具とは本質的に違う物です。しかし、遊びを通して知らず知らずのうちに子どもが獲得する力があります。その一つの例が、様々な手や指を使う遊びによって結果として獲得される数や図形の概念です。そこにビルを作りたいから立方体を作る、王冠を作りたいから円形を作る、子どもは遊びの中で必要に応じてい

ろいろな形に出会います。こうして平面や立体の構成遊びを通して、子どもは数や図形の概念を感覚として身につけていきます。また、発達を総合的に考えると、手は脳の出張所という表現もありますから、脳がめざましく発達する幼児期に手指をしっかり使う活動は重要です。

❿ 気持ちの安定

指で押すとプチプチとつぶれて空気が出る梱包剤を夢中になってつぶした経験は、どなたもおありのことと思います。黙々と同じことを繰り返すという活動は何故か気持ちが落ち着くものです。それは子どもも同じで、躍動的に展開される遊びとともに、手指の同じ動きを繰り返す遊びに没頭して集中し一人でじっくりと遊びこむ時間もまた大切です。

4歳頃になると子どもは、自意識が芽生え自分を客観的に見るようになることで、不安になることもあります。そんな時も遊びが助けになることがあります。遊びの中で結果にとらわれることなく自己を表現しながら、やがて、子どもは好きなこと、夢中になれることに出会い、自信を取り戻していきます。

2) 手や指を使う遊びと子どもの発達

それでは、発達にそってどのように手や指を使う遊びが展開されていくのか、発達の道すじにそって、具体的なおもちゃを例にあげて見ていきましょう。

乳児期 握ることで感覚を刺激する

生まれたばかりの乳児の手は、親指を中に入れて小さな握りこぶしをつくっています。指をそっとさしだすと、驚くほどの力でぎゅっと握ってきます。これは自分の意思で握ろうとしているのではなく、把握反射という原始反射の一つです。この時期に乳児の手の動きを刺激してあげると、それが感覚刺激となります。手触りがよく色や音の美しいおもちゃを大人が振って見せてそばに置いておくと、子どもの手が触れたときに奏でる優しい音が、聴覚や他の感覚も育みます。

4ヵ月を過ぎる頃になると乳児は、両手をからませて遊ぶようになります。このとき軽いガラガラをもたせてあげると、握り、見つめ、舐め、五感を使って確かめようとします。このような遊びを通して少しずつ自分の行動とその作用を理解していきます。

やがて、おおむね5ヵ月頃には手と目の協応ができるようになり、ベビージムなどをじっと見つめて、興味を持って揺れるおもちゃに自分から手を伸ばすようになります。

以上のようにこの時期の手の動きは、手指の機能の発達だけでなく、乳児が自分自身を知り、自分の周りの世界を認識していくことに大きな役割を担っています。保育者は日々発達する姿に寄り添い、やさしく応答的に関わることが大切です。

Toys にぎる遊び

ニキ　　　ティキ　　　リングリィリング　　　ベビートレーナー

1歳頃　握るからつまむへ

乳児後期から1歳半頃は、手指にとってとても重要な時期です。その発達はめざましく、手指を使って探索活動はどんどん盛んになります。

まず、親指を外側にしてしっかりと物を握るようになり、少し重いガラガラも握り振って遊びます。そして、手に持ったものを持ちかえることもできるようになり、やがて小さな物をつまむこともできるようになっていきます。さらに、掌に握ったものをそのまま指先へ送り出せるようにもなります。

手指の機能が高まることで、手指を使った遊びの種類も多彩になります。音のするものへの興味も高まるので、つかんで振るとやわらかな音色を奏でる丸スズなどもよいでしょう。

手首を回転させはじめる頃にはひねる遊びも必要です。いも虫の形をねじって遊ぶ

ジュバなどのおもちゃが手首のひねりを促します。

　こうして1歳台前半頃までには、子どもは、つまむ、ひっぱる、たたく、振る、転がす、容器の物を出したり入れたりするなど、多彩な手の機能を獲得し活発に探索活動を繰り広げます。それが相乗効果となり、ますます手の機能を発達させていくことになるのです。

　この時期、子どもはふたの開け閉め、発達に応じたポットン落とし、つまむ遊びや容器の物を出し入れする遊びなどを繰り返して何度もするようになります。チェーンリングやお手玉など身近な材料を使ったポットン落としを具材や容器を工夫したり、落とし口の大きさを少しずつ小さくしたりするなど、子どもの発達を考慮しながら用意します。

　次頁にポットン落としの様々な具材と容器についてまとめます。配慮点としては、子どもが達成感を得られるよう、容器にいれる数が多すぎないようにすることと、難しすぎないことです。また、同じ種類のポットン落としを色別に作っておくと、一人一人の遊びが保障できます。子どもは発達に適した遊びには、主体的に関わりますので、子どもの興味をひきつけるためにという理由でのキャラクターの絵柄などはあえてつける必要はないでしょう。

ポットン落とし①

ポットン落としの種類

具材	太さ	握るもの　つまむもの
	長さ	お手玉　　棒状　　チェーン状
	形	球　　平らなもの　　向きのある物　　L字　　S字
	色	赤　黄　青　緑
	感触	固いもの　　やわらかいもの
	数	5個〜10個程度
	数と色の複合	例　　赤と青　各5個
容器	入れ口の大きさ・数・場所を変える	
	容器の大きさ・高さ・形を変える	

振る遊び

ドリオ　　　　　フィルムケース　　　　カプセルケース　　　　ペットボトル

音のでる遊び

丸スズ　　　　　ジョイ

ひねる遊び

ジュバ

引き出す遊び

容器と布

壁を使った遊び

多彩な指の遊び

デュシマピラミッド

また、子どもたちの探索意欲に働きかけて手指の多彩な活動を促すおもちゃに、デュシマピラミッドや壁を使った遊びがあります。座位だけでなく立位での遊びもでき、子どもたちは、ひっぱって、つまんで、まわして、色々な手指の動きで遊びます。

この時期、子どもたちはめざましく発達する手指を使って、世の中を知ろうとします。この探索活動を保障することが、やがて1歳半頃に芽生える自我の原動力となります。

ますます活発になる探索活動

1歳後半になると、発達した手の機能は生活の中でも発揮されます。マジックテープやねじぶたの容器など、身近な物がそのまま手指の遊びとなります。手首のコントロールもできるようになりますから、連続のぐるぐる描きをしたりドアのノブを回したり、手は様々な動きで子どもの活動の範囲を広げていきます。

1歳半頃の手や指に関する発達の特徴は、道具を使いはじめることです。したがって、この時期には道具を使った遊びを用意することが必要です。手首のコントロールができるようになっていますから、ハンマーでボールをたたくノックアウトボールなどがよいでしょう。自分の力がすぐに確認できるため、子どもたちはハンマー遊びに夢中になります。慣れてきてたたく位置を微調節できるようになる頃には、たたく杭が小さいため狙いを定めてたたく必要のあるJハンマートイがよいでしょう。全ての杭を打ち込むと、今度は自分で裏返して繰り返し遊びます。

ポットン落としもひき続き必要な遊びです。この時期になると、利き手だけでなく反利き手も使い連動させた動きもみら

道具を使う

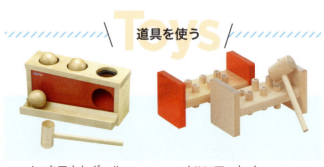

ノックアウトボール　　Jハンマートイ

れるようになります。また、1歳半頃から次第に「〜ではない〜だ」と気持ちを切り替えることができるようになりますから、向きを考えて入れなければならない、ポットン落としもできるようになります。このようなポットン落としができたら、型はめを用意するとよいでしょう。手にとって遊んでいるうちに、円柱などの簡単な形が偶然穴に入ることから形に気づいていきます。子どもは、このように手を動かして遊びながら自らの発見によって形を感覚として理解していきます。

ポットン落とし②

型はめ

Mポストボックス

通す遊び

シグナ

1歳半の節目の時期、遊びの中にも特徴が見られます。「こうしたい」という目的を持って遊ぶようになり、遊びに思いが表れるのです。重ねカップや赤・黄・青・緑など色の違ったお手玉を用意すると、色をそろえたり、思い思いに並べたり重ねたりを何度も繰り返す姿が見られます。そして、自分の思い通りにできたときには、手をたたいて喜び満足感や達成感を得て、そんな時は「見て!」とばかりに、大人にうれしそうなまなざしを向けてきます。こうして周りの大人と喜びを共感し、認めてもらうことで、意欲や自信が育まれていくのです。

　この時期の子どもたちは、扉があったら開ける、出っ張っているものは叩きたい、穴があったら手をつっこみ、ティッシュペーパーは全部箱からつまみ出し探索意欲が旺盛です。鍵を開けて遊ぶキーハウスなどを保育室の壁にかけておくと、子どもたちの好奇心を刺激し、つまんで横に動かしたり回したり、複雑な手の動きを誘発します。

　こうして、つまむ、ねじる、ひねる、道具を使う、という子どもたちの多彩で複雑さを増した手の動きは、やがて何でも自分でやってみたい2歳の時期を迎え、食事や着替えなど生活の中の力となって生かされることとなります。

2歳頃　豊かな手指の遊びが自我の育ちを支援する

　自我が育ち、自己を主張する2歳頃の子どもたちは、何でも「ジブンデ!」と主張するようになります。この時期には生活の中でもボタンをはずすことができるようになるなど、大人に助けられながらも簡単な衣服なら着脱ができるようになります。スプーンの三点持ちも安定してきます。造形活動でも紙をちぎる、破る、貼る、独立したグルグル描きなど多彩な手の動きを使った活動が展開されます。また、ねじってちぎるなど二つの連続した手指の操作もできますから、粘土遊びも楽しくなります。

　このような子どもの自分で何でもやりたい気持ちを支援するために、手や指を使う遊びにも、日常生活で使う多彩な手の動きを取り入れることが必要です。スプーンなど生活の道具を上手く使うためには、手と目の協応を育むことも大切です。手づくり

のおもちゃでは、日常生活での指の動きを意識した練習遊びとして、ボタンやスナップをはめるおもちゃや洗濯バサミを利用したおもちゃなどを用意するとよいでしょう。

スナップはめの遊び

ボタンかけの遊び

身近な物を利用した遊び

洗濯バサミ　　レンゲとお手玉

また、この時期の特徴として、多くの子どもで利き手が決まりだすことがあげられます。ですから、利き手と反利き手を連動させて使い、手と目の協応も助ける「通す」遊びは、この時期に適した遊びといえるでしょう。ただし、巧緻性は未熟ですから、無理のない様にしっかり握れる大きなものや、うすくて通しやすい物を使います。こうして、ビーズ通しに慣れてくると2歳後半には、ひも通しポニーなどボードの穴にひもを通す遊びも裏と表を見ながらできるようになります。

通す遊び

ひも通しポニー

　スプーンやお箸を使うためには、手首の回転も大切です。両手の手首をひねって連結していくロンディは、初歩的な構成遊びのおもちゃです。一つ一つのピースが大き

めなので、しっかり握って力を入れることができます。三点持ちの練習遊びには、磁石の力で模様を作るマグネフがよいでしょう。小さな玉は棒についた磁石の力で浮き出るだけで、ボードから出ることはありませんので誤飲の心配がありません。

　つまむ動きも1歳の頃に引き続き重要な要素です。ストレートドミノやリングドミノはつまんでドミノを並べ、倒すときには満足感が得られるおもちゃです。ストレートドミノは壁面に設置すると子どもにとって使いやすくなります。

Toys つまむ遊び

ストレートドミノ

ワイヤーメイズ各種

トレインカースロープ

　手と目の協応や追視では、小さな車をつまんで転がすトレインカースロープがよいでしょう。軽快な音をたてて木の車が坂道を転がります。子どもは転がる車をじっと見つめたり、手でとろうとします。このおもちゃは、つまむだけでなく、自我が育つことでときにはかんしゃくを起こすこともある2歳の子どもたちにとって、必ず予想通りに転がることが気持ちの安定につながるという要素もあります。

2歳頃になると色や数にも興味を持ちますから、手や指を使う遊びにもそのような要素を取り入れていくとよいでしょう。例えば、プラステンは、ひもを使ってビーズ通しのように遊ぶこともできますし、2歳後半になると色サイコロを使って簡単なルールを決めて遊ぶこともできます。遊びを通して少しずつルールや決まりを理解することで、日常生活の決まりにも気づくようになります。

また、多彩に遊びが広がる2歳児は、見立て・つもり遊びも楽しむ時期ですから、手や指を使う遊びにも見立てる要素を持つおもちゃを取り入れるとよいでしょう。色々な形の磁石をボードに並べていくマグネット付色板は、簡単な手や指を使う遊びであるとともに見立て遊びの要素を持つおもちゃです。子どもたちは、生活の中の直接体験をマグネットの世界で再現し、そこから言葉も育まれます。

型はめも、この時期になるとやや高度になります。はめ絵は一見単純な形ですが、左右対称ではないために向きが決まっていて、また、厚みがあるため指先を調整して水平にはめ込む必要があります。並べて、イメージして、遊びが広がります。

このように2歳児の手や指を作る遊びでは、発達した手の機能にあわせて遊びの種類が増えてきます。しっかりと遊び込むことで手指の機能を育むことは、自我が芽生え、何でも自分でやってみたい子どもたちの生活の力となり、自信を培いながらその発達を支えます。

はめ絵

プラステン

3歳頃　「自分でできる！」自立への意欲の高まり

3歳頃になると生活の中でできることが増えるにつれ、子どもたちは2歳の時よりさらに「何でも自分でできる！したい！」という気持ちを強く持つようになります。着替えのときに大人が手助けしようとすると、怒ってはじめから全部やり直すこともあります。このように何でも自分でしようとする態度は、主体性や自立心の育ちであり大切な発達の姿といえるでしょう。

2歳からひき続きつまむ遊びも重要ですから、この時期はペグさし（ステッキ遊び）

もよいでしょう。平らなペグを2指でつまんで並べます。はじめは色にはこだわらずにはめていきますが、やがて色をそろえる姿も見られます。こうしたつまむ活動を発展させたおもちゃがアキシモです。100個のピースをはめていくものですが、これまでの遊び経験がしっかりしている子どもなら集中して全部入れてしまいます。自我が育つこの時期に、自分の遊びと向き合ってじっくりと遊びこむ体験が、幼児期にお友達との遊びが展開するための基礎力となります。

ステッキ遊び

そのような自立への意欲は、遊びの中にも反映されます。ハンマーを打つおもちゃの小さな大工さんなどでは、意欲を持って根気よく集中して遊ぶ姿が見られます。平面構成の手や指を使う遊びとしては、リモーザもこの時期の子どもたちに適しています。小さなピースをつまみながら、穴に合うように微調節し押さえてはめるという一連の手指の動きを繰り返すことは、複合的な手先の巧緻性を育てます。2歳のときよりも自我がよりはっきりとしてくる子どもたちですから、これらの遊びの中にも、色をそろえるなど一人一人のこだわりが見られるようになります。はじめは、フレームを4分の1の5×5の25ピースからはじめると無理なく遊べるでしょう。

アキシモ

リモーザ

構成する遊びでは、指先に力を入れて連結していくこともできるようになります。デュシマジョイントはこの時期の子どもの指の圧力でも連結しやすいおもちゃです。はじめは連結する活動そのものを楽しみますが、素材の扱い方に慣れると平面だけでなく立体のものもつくるようになり、やがて車輪をつけて走らせるなど、作りたい物を意図して作るようになります。

この時期は、並べたり色を集めたりすることにも一層興味を持ちますから、子ども

たちは、手を動かして遊びながら、秩序感が育つと共に、色や形・数などを通して少しずつものごとの法則性にも気づいていきます。

　ひもを通す遊びも、2歳のときよりも手の動きは確実に巧みになっていきます。2歳頃のひも通しを発展させたボードに穴を通すひも通しホワイトボードは、穴が小さく数も多くなりますが、子どもたちは裏表を見てひもを通していきます。3歳になると、男―女、大―小、表―裏など二つの物を対比させて認識することができますから、遊びを通して表裏を意識することは、着脱のときの衣服の表裏に気を使う姿にもあらわれます。ソーイングプレイボードはペンを持つ練習遊びにもなります。

　こうして一人一人がじっくり遊びこめるようになる頃、そばで遊んでいる子ども同士で遊びを共有する姿が見られだすようになります。一人で遊びこむ経験を経て、遊びは平行遊びから道具を介した連合遊びへと発展していきます。

ひも通し

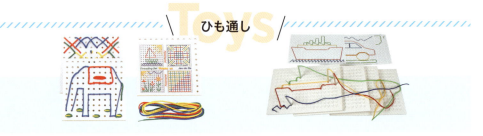

ひも通しホワイトボード　　　ソーイングプレイボード

4歳頃　「～しながら～する」ことができるようになる

　4歳頃になると、子どもたちは手と足、右と左の協応運動ができるようになりますから、リズムに合わせて手拍子と足踏みを同時にすることもできます。このように、違った動きを統制しながら同時に行うことができる力は手指の動きにも反映され、ハサミを連続切りで使えるようになるなど手指の活動はますます高度になっていきます。

　したがって、この時期には異なる動作を協調して行う遊びを意識して取り入れます。例えば、片手でゴムを押さえ、もう片方の手で方向を定めてゴムをのばしながら釘にかけるゴムパターンの遊びな

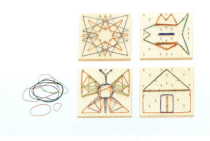

ゴムパターン遊び

どがその例です。ゴムをかけるときだけでなく、はずす時にも両手を連動させてゴムが飛ばないように調整する必要があり、複合した手指の協調活動となります。この遊びには、ゴムの伸びる性質を使って、ひも通しとは違った楽しみ方ができます。このように遊びを通して様々な素材に触れることで、子どもたちはその特徴や性質を生かしながら表現に工夫ができるようになります。

　また、この時期に取り入れたい遊びにパターンを揃える遊びがあります。4歳頃になると子どもたちは、ちょっと大きい、まん中など系列の認識ができるようになっていきます。上下左右や数を注意深く観察してパターン通りの模様を完成させる2色モザイクなどの遊びにも、子どもは意欲的に取り組みます。こうしたパターン遊びの経験が、自由に好きな模様を作る時にも表現の幅を広げます。

　　　2色モザイク　　　　　　　　　デュシマビーズ

　この時期の子どもたちが集中して遊ぶおもちゃに、プリズモがあります。これは、子どもたちが自分で色とりどりの小さなピースを並べコマを作る遊びです。コマとして回すためには大きいためにちょっとしたコツがいりますが、「できあがって回したらどんな色になるだろう」と期待しながら好きな色を並べてコマにして、混色の不思議を楽しみます。大きなピースのものもあり、そちらはコマにはなりませんが2歳頃から並べて遊ぶことができます。

　また、器用になった指先を使ってビーズ玉が10mmほどの小さなひも通しもよいでしょう。ビーズは単に色を揃えるだけでなく、自分で赤・赤・黄・赤・赤・黄・・・など、色の順列を決めて通す姿も見られます。

　4歳になり、子どもたちは手や指を使う遊びで集中して遊ぶようになります。そこには、「疲れたけれどもう少しがんばろう」と自分をコントロールする姿が感じられます。それは、「がんばりなさい!」と外から指示されるのではなく、子ども自身の内側からわきあがる力です。そして、自分の思いを達成し満足いくまで遊びこ

んだとき、子どもたちは素晴らしい表情を見せます。自分の好きな遊びにじっくり向き合う体験で培った自信が、精神的な発達の節目といわれるこの時期の発達を根底で支えます。

5歳頃　巧緻性が高まることで生活の質・遊びの質が豊かになる

リリアン

折り紙

ラキュー

5歳頃になった子どもは、指先の巧緻性が高まることで、手や指の機能は生活の中にも一層生かされるようになります。力加減を調整しておにぎりを作ることができるようになり、本物の包丁で食材を切ることにも挑戦します。

この時期になると、技術の習得が必要な伝承遊びも楽しむようになり、ひもでコマを器用に回す姿も見られます。折り紙も自分で折り方をみながら折るようになります。遊びの中でも、少し難しい物に挑戦したり、自ら見通しをたてて取り組もうとしたりする姿が見られます。

また、5歳頃は思考力が芽生える時期でもあり、手や指を使う遊びにもそのような内面の変化が表れます。構成遊びで雪の結晶を作ろうとするなど、実際には目で見えない表現にも取り組もうとします。立体構成の手や指を使う遊びは、巧緻性が高まることで、より緻密で複雑なものとなっていきます。小さなピースをつまんで連結するラキューで、五角形や六角形を組み合わせて球体を作るなど創造的な作品が次々にできあがります。ラキューは、ピースの種類が多いので同じ形や色のピースをあらかじめ分けておくと遊びやすくなります。

5歳頃の子どもたちは、身体を動かす縄跳びやボール遊びなどでダイナミックな集団遊びを展開する時期ですが、それと同時に、室内での手や指を使う遊びでは、落ち着いて考えながら集中する姿が見られます。躍動的な全身運動と、緻密な微細遊びが、車の両輪のように5歳の子どもたちの発達を支えます。

6歳頃　手を使って作りだす喜び

6歳頃になると子どもたちは、リボン結びもできるようになるなど、手は日常生活に必要な動きがほぼできるようになります。そして、その細やかな手の動きを使って、あやとりを楽しんだり、織り物などの手仕事に取り組んだり、自分を様々に表現できるようになります。協同遊びも豊かに展開し、お友達と協力して、ごっこ遊びに使う

道具を作りだすようになります。こうして手の動きは、子どもたちにとってたくましく生きていくための生活の力となります。

　この時期、手や指を使うおもちゃの一つに、3Dジオフィクスがあります。年長になると6歳の子どもたちは、お散歩にいったあと地図を書くことができるようになりますが、それは空間の認識ができてくるためです。3Dジオフィクスは、その空間認識を意識した立体を透視する視点で作られた構成遊びのおもちゃです。このおもちゃを連結するためには、指先を微調整しながら力を込める必要があります。子どもたちの中には、床に置いて平面でつなげる方が効率よく力が入り連結しやすいため、作りたい立体図形の展開図を考えて、それをまず床の上で平面でつなげてから立体に組み立てていく姿も見られます。

　ごっこ遊びの道具などを作るために使えるおもちゃには、アイロンビーズもあります。これは、これまで遊んできたたくさんの手や指を使う遊びのおもちゃの中で、もっとも小さいピースのおもちゃです。できあがったものは、保育者がアイロンをかけると熱でつながるため、そのままコースターやワッペンとしてごっこ遊びの道具になります。

　この時期、手仕事にも保育の中で意識的に取り組んでいくとよいと思います。織り機イネスは、子どもに扱いやすい織り機です。自分の手を使って何かを作りだすことは、子どもにとって満足感のある活動であり喜びです。子どもたちは、何日もかかって根気よく織りあげます。手仕事とは、そもそも日々の営みですから、一人一人が織りあがるまで継続して遊べるように、こうした手仕事のおもちゃは複数あるとよいでしょう。

3Dジオフィクス

アイロンビーズ

織り機イネス

赤ちゃんの頃、大人がそっとさしだした指をぎゅっと握り返してきた小さな手は、小学校入学を迎える頃には、力強くかつ器用で細やかな動きを得て、日々の営みを支える頼もしい手となります。

3）手や指を使う遊びの支援

　このように子どもたちの幅広い力を育む手や指を使う遊びを、ていねいに支援するために、保育者はどのようなことに配慮すればよいのでしょうか。

❶ 獲得した力を、子どもが主体的に発揮できるように意識する

　子どもは3歳頃になるとハサミで一回切りができるようになり、やがて4歳を迎える頃には複合した手の動きを獲得し、ハサミで連続切りができるようになります。このような手の機能の発達は、生活や遊びを通して必要に応じた直接体験によって習熟していきます。ハサミだけでなく、指編み、ビーズ通しなど、子どもたちが手や指を使って作り出す物を、ごっこ遊びで生かすことができるようにすると、子どもたち自身による表現したいという意欲が高まります。このような遊びを通して、子どもは手指の機能だけでなく意欲や集中力を育んでいきます。

❷ 子どもの試行錯誤を保障する

　3法令に共通の幼児期に育みたい三つの柱は、「知識及び技能の基礎」「思考力・判断力・表現力等の基礎」「学ぶに向う力・人間性等」ですが、それらは体験を通して育むことが大切です。手指を使う遊びで子どもは手先の巧緻性などの技能を獲得しま

すが、それを自分で考え判断しながら表現するためには子ども自ら表現したいという主体性が大切です。保育者は効率の良さや出来不出来にとらわれることなく、子どもの表現したい気持ちを尊重しながら見守ることが求められます。子どもたちの活動に効率だけを求めてしまったら、それはもはや子どもの主体的な表現ではなく、単なる作業になってしまいます。

子どもたちは、遊びを通して失敗を繰り返し試行錯誤します。だからこそ、達成したときには満足感や大きな喜びを得ることができます。失敗は子どもの権利です。それは一見遠回りのように見えますが、その体験を保障することで、子どもたちは失敗から学びそれをうまく活かす力を培っていくのです。

❸ 子ども同士や保育者など、人的環境に配慮する

　子どもは、身近な大人をモデルにします。大人は遊び方を理屈で説明するのではなく、あるいは、道具だけを用意して放任するのでもなく、子どもの目の前で手を動かし遊んでモデルを示すとよいと思います。その楽しそうな姿を見て、子どもたちもその遊びに興味を持つでしょう。また、子どもは、同じおもちゃで遊ぶお友達の姿から自然に学び合います。したがって、子ども同士が遊びやすいようにおもちゃの数や空間の配慮が必要となります。このような子ども同士の気づきや発見ができる点に、家庭ではない園での集団生活による遊びの意義があるともいえるでしょう。

2 積み木遊び

　積み木遊びは、子どもの代表的な遊びです。どこの国でもいつの時代も、子どもは身近な木片などを積み重ね並べて積み木遊びをしてきたのでしょう。保育の中の積み木遊びでも、一人で集中して遊ぶ姿や、お友達といっしょに大きな作品を作りあげていく姿など様々な遊びが見られます。幼児期に創造的で豊かな積み木遊びが展開されるためには、乳児の頃からの遊びの体験の積み重ねが必要です。

　この頃ではまず、子どもたちにとって積み木遊びとは何か考えてみましょう。

1）積み木遊びについて

❶ 表現力と創造性

　子どもが思いのままに積んだり並べたりする積み木遊びは、素朴な素材だからこそ子どもたちの想像力に幅広く応えます。自分の背丈より高く積み上げられることや、崩れるときの音も魅力です。積み木遊びのはじまりは無造作に重ねたり並べたりすることですが、2歳〜3歳頃になると目的を持って作りだします。そして、5歳頃にはお友達とイメージを共有し共同で大きなものを作るようになります。それはとても達成感のある喜びに満ちた活動です。積み木を一つ一つ重ねて表現することで新しい世界が開け、それがまた次の表現への原動力となっていくという繰り返しは創造的な活動そのものであり、これが積み木遊びの大きな魅力です。

❷ 問題解決能力

　子どもは4歳頃になると、積み木を高く積むことに夢中になります。はじめは、早く高くしたくて、積み木を縦に積み上げます。けれども、それではある程度の高さまでいくと、何度やっても崩れてしまいます。子

どもは失敗を繰り返し、試行錯誤しながら、やがて円柱形に積み上げていくと丈夫で高く積めることに気がつきます。

　さらに、円柱形で高く積むためには、かなりの数の積み木が必要となりますから、子どもたちは積み木を効率よく使うために、一定の間隔を開けるレンガ積みがよいことにも気づきます。レンガ積みの発見は、一連の積み木遊びの中の一つの節目です。それでも、せっかく高く積み上げていても、積み木は何かの拍子に崩れてしまうこともあります。そんなとき、子どもたちは協力してまた積みなおしをします。積み木遊びではこのように、発見する喜びと問題を解決するために工夫する力が育まれます。

❸ 身体の諸器官の協応

　子どもの積み木遊びの様子を見ていると、積み木を積むために手や指を微調節したり、身体をかがめたり、台の上に昇って背伸びをしたり、微細運動から粗大運動まで、実に様々な身体の動きをしています。また、積み木で作ったかまくらの中に入ると木の香につつまれ落ち着きます。感触、香り、積み木同士が触れ合う音など、積み木遊びは五感にはたらきかけます。

❹ 科学的、数学的概念

　子どもにとって、積み木遊びは発見の連続です。円柱の積み木は、見る角度によって長方形や円に見えますし、置き方によって転がりもします。積み木遊びでは意識しなくても、このような立体図形の特徴を子どもが遊びを通して感じとります。空間の認識、形の特徴や本質をとらえること、部分と全体を認識すること、左右対称、数や図形の基本概念などを子どもは知識ではなく感覚として獲得していきます。幼児期には、実体験で感じ自ら発見することが大切です。

❺ 自主と協調などの社会性

　積み木遊びを通して、子どもの社会性の発達を見ることができます。3歳頃の積み木遊びは、お友達とその場を共有しながらも、一人一人が思い思いに積み木で遊ぶ平行遊びです。しかし、やがて横のお友達の様子を見て積み方をまねたり、積み木をやりとりしたりするうちにイメージを共有し連合遊びへと発展します。4歳頃になり共

同制作をするようになると、役割分担をしながら高い塔や街作りにも挑戦します。この頃になると、お友達がうっかり崩した積み木を皆で協力して積み直しをする姿などが、見られるようになります。こうして5歳になる頃には、経験や興味にそってお友達と協力して作品を作り上げる協同遊びへと発展します。

　協同の積み木遊びでは、一人一人の個性や技術が光り、かつ、全体として調和のとれた世界が表現されます。そこからは、子どもたちの中に自主と協調の態度が育まれていることが感じられます。これは段階をていねいに経ることで獲得される力であり、社会性の基礎ともなる大切な力です。

❻ 根気や集中力

　どんなに大作の積み木も一つ一つ積み重ねて作られます。天井まで届く塔やかまくらなど、1000個以上にも及ぶ積み木を子どもたちは協力して積みあげます。長いドミノ倒しも、根気よく並べます。子どもは、主体的に活動するとき素晴らしい集中力を発揮します。一人ではできなくても、お友達と共通の目的を持つことで意欲も高まります。それは共に育ち合う姿です。

❼ 豊かな情緒や感性

　積み木遊びに集中して取り組み達成感を味わうことで、子どもの気持ちは安定します。並べたり、積み重ねたり、同じ形のものを集めたりする行為は、子どもの秩序感も育みます。また、ネフスピールなどの机上の積み木には、どのように積んでもオブジェとしてその色彩やデザインがとても美しく、子どもたちの美的な感覚を養います。絵本からはじまる遊びでは、積み木で閻魔大王を作ったり、河童を作ったりして、子どもたちは積み木に生命をふきこみます。積み木は子どもたちが自由に形づくれることで、想像力をふくらませます。

　以上の様に、積み木遊びを通して子どもたちはこのような多彩な力を育みながら、

積み木で作ったものをごっこ遊びに発展させたり、積み木を使って自分たちでルールを作ってゲームを展開したり、積み木から遊びは様々に広がっていきます。

2）積み木の選び方

子どもたちの積み木遊びが豊かに展開するためには、どんなことに配慮して積み木を選ぶとよいのでしょうか。保育環境としての積み木として必要だと思われる条件について考えます。

❶ 基尺（積み木を構成する上で基準となる尺度）が統一されていること

子どもたちは、積み木を縦に横に自由に重ね並べます。その時に積み木の縦・横・高さが倍数になっていると積み木の向きに関係なく高さを合わせることができるので、子どもたちの遊びが広がりやすくなります。

例えば、フレーベルの考え方を基にドイツなど保育の現場で広く使われている、ウール・レンガ積み木は、基本の積み木の大きさが3.3cmを基尺として、1:2:1/2の比率（3.3cm×6.6cm×1.65cm）となっています。このサイズを基本として、1/2～5倍の大きさの積み木が作られています。

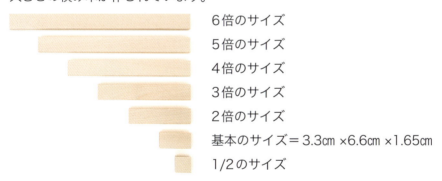

6倍のサイズ
5倍のサイズ
4倍のサイズ
3倍のサイズ
2倍のサイズ
基本のサイズ＝3.3cm×6.6cm×1.65cm
1/2のサイズ

❷ 大きさや重さが子どもの手に適していること

大きすぎるものや重すぎるものでは、子どもたちが自由に遊びを発展させることができません。例えば、乳児用の積み木ベビーキューブは、手指の動きが未熟な乳児が掌全体で握りやすい大きさで、しかも中がくりぬいてあるために非常に軽いものです。また、幼児用の積み木ウール・レンガ積み木は、3つ並べても10cm程で、幼児の手にすっぽりと入り2指でつまんでも軽いので、持ちやすく積みやすいサイズです。

ベビーキューブ

❸ 安全性に配慮されていること

塗料や素材は、子どもがなめても安全なものでなければなりません。また、子ども

たちは積み木を背丈よりも高く積み重ねますので、ごく軽いカプラなどをのぞいては、面取りがしてある角がとがっていないものがよいでしょう。すぐに割れて、ささくれが出るような物も積み木の安全性という点で好ましくありません。

❹ 正確に作られていること

子どもたちは、積み木を何段も重ねますから、わずか0.01mmのズレでも100枚積めば1cmの差となりそれ以上積み重ねることができなくなります。精巧に作られている積み木は、子どもたちの信頼に応え、失敗しても何度でも挑戦して積み上げようとする意欲を育てます。

❺ 絵や文字が描かれていないこと

シンプルな積み木は、子どもたちのイメージにそって、汽車になったり食べ物になったり、自在にその役割を変えます。キャラクターの顔やひらがな、英語などが書かれた積み木は、遊びの幅を狭めます。

❻ 充分な数があること

3歳以降、平行遊びから連合遊び・協同遊びへと、遊びが発展するためには、充分な数があることも重要です。例えば、幼児の保育室1クラスの積み木コーナーを例にすると、ウール・レンガ積み木では、はじめは園児一人あたり50個〜60個をめやすにして、クラスの人数や年齢に応じて600個から1500個程度あればよいでしょう。可能であれば3000個程あると、子どもたちがシンボルのように作って置いておきたい積み木と、日々作り変えて形を変えていくための積み木の両方が保障できます。

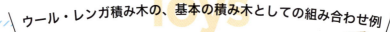

ウール・レンガ積み木の、基本の積み木としての組み合わせ例

ベーシック
96個入6箱

補充用
112個入1箱

園用積み木セット
（運びやすいように車輪付の台にセットしたもの）

基本の積み木に、バリエーションとして加える積み木の例

ジグザグ積み木
96個入1箱

カーブ積み木
96個入1箱

半球積み木
162個入1箱

3）積み木遊びと子どもの発達

子どもたちの発達にそって、どのように積み木遊びが展開されていくのか、具体的なおもちゃも例にあげながらみていきましょう。

乳児期 積み木遊びを通して、自分を発見する

● 主体性の芽生え

日毎に手の動きが発達するこの時期、子どもは手当たり次第に何でも手にとって確かめます。積み木は、小さな手に持ちやすい大きさで、軽く、赤・黄・青・緑の基本色が子どもたちの興味をひきます。牛乳パックや筒状の芯、板などにフェルトを貼り付けた手作りの積み木などでもよいでしょう。

手作り積み木

牛乳パックを利用したもの（基尺をそろえている）

芯を利用したもの　　板を利用したもの（基尺をそろえている）

お座りができる頃には、両手に積み木をもってカチカチと打ち合わせたり、二つ

の積み木をぎゅっと押しつけようとしたり、積み木を使った様々な姿が見られます。そしてやがて、積み木を積もうとするようになります。この時期には五感を豊かに育むことが大切ですから、木製の他にも、布製の積み木などを用意するとよいでしょう。乳児用積み木のベビーキューブは中に鈴や木片などが入っていて振るとやさしい音を奏でます。

ベビーキューブ

1歳頃　初歩的な積み木遊びの始まり

● 思いを持って遊ぶ

この時期になると、子どもは自我が芽生え周りの様々な物に積極的に働きかけ、遊びへの意欲もいっそう高まります。「〜したい」という気持ちを持って積み木も高く積もうとするようになります。

手首の回転もできるようになり、手首を調整しながら積み、崩れた積み木をまた積み直そうとする姿も見られます。自我を主張する一方で、少しずつ気持ちを立て直すこともできるようになる発達の姿は、積み木遊びの中にも現れます。

またこの頃、象徴機能の発達により、初歩的な見立て遊びが始まります。積み木を車や道路に見立てたり、身近な大人と積み木で「どうぞ」と動作のやりとりをしたり、積み木は遊びの様々な場面で活躍します。

自分の世界ができてきたことで、子どもたちはお友達のしていることにも興味をもつようになり、少しずつお友達と楽しさを共有する姿も見られるようになります。積みやすく、イメージが広がりやすい美しい色や形の積み木を用意することで、子どもたちの積み木遊びへの興味と意欲はいっそう広がります。

積み易いネフスピール　　出したり入れたりができるリグノ　　ベビー積木

2歳頃　**自分のやりたいことに集中する**

● 見立てながら、広がる遊び

　2歳頃は、生活の面でも遊びの面でも土台をつくる大切な時期です。この頃の子どもは、積み木を無造作に積んで、できたものを何かに見立てて、「おうち」「ケーキ」と名づけるようになります。また、まわりの大人やお友達と積み木のケーキを囲んでお誕生日ごっこをするなど楽しさを共有しようとします。

　指先の微調節もある程度できるようになっていますから、立方体を8個から10個程度重ねることができます。この時期にはある程度大きくてどっしりと安定感のある積み木が崩れにくく、2歳の子どもにも満足感のある積み木遊びが展開できます。

　2歳の積み木遊びでは、一人一人の個性豊かな姿が見られるのが特徴です。この頃は食事にも好みがでだす時期で、積み木遊びでも同じ色を集めたり、同じ形を集めたり、並べた積み木の一つ一つに別の積み木をていねいに重ねて置くなどこだわりが見られます。そのため、積み木遊びでもまだ個々の遊びを保障することが大切です。こうして遊び込むうちに、やがて視点の変化が見られるようになり、積んだり並べたりを組み合わせるようにもなります。さらに、基本的な運動機能が伸び、活発に身体を動かす時期らしく、積み木で作った物を動かして遊ぶ姿も見られます。自分が動きたい時期には、積み木も活動的に動くことは、子どもたちが自分の思いを遊びで表現していることが感じられます。

　このように一人一人が思い思いに遊び込む2歳の子どもたちには、基本の積み木に加え少し特徴のある積み木を用意す

るとよいでしょう。手首の回転を使って積んでいくジーナボーンや積んでも崩れにくいトーテムなど、個性的な積み木の世界から子どもたちの遊びが広がります。

M積木

3歳頃　道具を仲立ちとして遊びを共有する

● 個々の積み木遊びから一緒に遊ぶ積み木遊びへ

　3歳になると、「おうちをつくろう」「高くしたい！」と意図を持って作るようになりますが、同じ場所で同じ積み木で遊んでいても、まだそれぞれが思い思いに遊ぶ平行遊びが中心です。けれどもやがて、周りのお友達の作ったものを見て自分も同じように積み、それを媒介にして一緒に遊びだすなど、少しずつ関わりを持って遊ぶようになります。

平行遊び

　こうした遊びが発展するためには、同じ形の積み木がたくさんあることが重要となります。また、周りのお友達との遊びが広がるような空間を保障することも必要です。このように環境を用意することで、積み木遊びはいよいよ本格的になっていきます。

　一方で、この時期になると子どもは、2歳頃までのように身近な物は何でも手にとって遊ぶのではなく、興味がないと遊ぼうとしません。また、3歳から幼稚園に入園する子どもなどで、これまでの積み木遊びの経験がほとんどなかった場合は、基本のシンプルな積み木だけで遊び込むことは難しい場合もあります。基本の積み木と合わせて、動物や車、木や

連合遊び

人などを用意すると、動物園や街などを作ろうとする姿が見られ、そこから建物やトンネルなどの構造物を工夫して作ろうとするきっかけとなります。

基本の積み木

ZOOへ行こう

車セット

汽車セット

　3歳も後半になると、子どもたちは少しずつ、お友達と一緒に何かを作ろうとするようになります。けれども、まだ全体を見通して形を作っていくことは難しい時期です。この時期には例えば、子どもたちが共同制作をしやすいように土台となる最初の1〜2段は保育者が積んでモデルを示すと、その上に子どもたちが積み木を積み重ねて共同で船を作るなど、保育者側の支援がきっかけとなり遊びが広がります。簡単な物でよいのですが、このようにお友達と共同で作る体験を重ねることは、子どもたちの喜びとなり、積み木遊びへの意欲を育てます。

　子どもは手先の巧緻性も育ち、「何でも自分でできる」という意識を持つ時期ですから、机上の積み木では、斜め積みもできて彩色が美しい積み木キュービックス等を用意するとよいでしょう。自分で様々な形に組み合わせて、色や形を楽しむことは、満足できる活動であり子どもの自信につながります。

キュービックス

4歳頃　お友達と協調する

● 仲間同士で役割を分担する

　社会性が育つ4歳頃になると、お友達との関係が大切になり、遊びも仲間と一緒に展開するようになります。積み木遊びでは、お友達と一緒に同じ目的をもって遊ぶようになり、共同の積み木遊びが展開します。積む技術も上達し速く要領よく積みあげられるようになります。

　物事を客観的にとらえだすこの時期、積み木遊びの体験は、日常生活の中の発見に生かすことができます。例えばお散歩のときに、高いものを探してみると、電柱や樹木など身近な高い物の中には、円柱形をしたものがたくさんあることに気づきます。積み木遊びを通して、円柱が安定した形であることを実感している子どもたちは納得

します。積み木遊びの経験が、物事の共通性や特性を見出す力となっていきます。

この時期、子どもたちは積み木遊びでもお友達と役割を分担するようになりますが、時にはけんかやもめごとになることもあります。しかし、そのようなぶつかりあいを通して、友達との関係が深まっていく姿もまた、積み木遊びの場面の随所に見られます。

また、この時期の子どもは「できる、できない」の間で心が揺れ動き、不安になることもあります。積み木遊びでは、せっかく積み上げた積み木が崩れてしまうなど、失敗体験ができることも重要な点です。子どもは、失敗してもまたはじめから積み直せばよいことを体験することで、精神的なたくましさを身につけていきます。こうした小さな失敗体験と成功体験の繰り返しが、発達の節目を乗り越える力となります。

半球・ジグザグ積木など

さらに、この時期ならではの興味深い姿もあります。自分を客観的に見ることができる力は積み木遊びにも反映され、家を上から見た間取り図を作るなど、周りの物に対する視点の変化が積み木遊びにも見られます。

4歳頃は、想像力が豊かになることで、ごっこ遊びを活発に楽しむ時期ですから、自分たちで工夫して積み木でごっこ遊びのシンボルや道具を作りだすようにもなります。作りたいものが多様になりますから、基本の積み木にカーブやジグザグ・球体・半球体など形のバリエーションを加えることでより遊びが広がります。

円柱積みができるこの時期からは、カプラが、積み木遊びをさらに面白くします。薄くて軽いので、円柱形に積んでから上を閉じてかまくらにしたり、途中の積み木を何個か抜いて窓や入口を作ったり他の積み木ではできない遊びが可能になります。

このようにお友達と協力して積み木遊びを展開するようになると、「続きは明日」を保障することが必要です。子どもたちは少しずつ先を見通す力がついていますから、帰るときには壊さなければならないとわかると集中して遊びこまずほどほどに遊んでしまいます。「明日はもっと高く積もう！」と、次の日を楽しみにする一日一日の積み重ねは、遊びの意欲となります。

　机上の積み木では、認識力や色彩感覚を育む時期にふさわしい六角形などユニークな形でカラフルな積み木を用意するとよいでしょう。平面の組み合わせを楽しんだり、斜め積みをしたり、独創的な積み方に挑戦して、じっくりと遊びこむ姿が見られます。

ハニカム

5歳頃　仲間の存在が重要になる

● 一人で遊んでも楽しい みんなで遊んでも楽しい

　この時期になると、一人一人の個性が光る作品を作るとともに、その個性を集団の積み木遊びにも発揮するようになります。みんなでイメージを共有しながら集団の積み木遊びが継続して展開されます。船や汽車・建物など、ごっこ遊びで使う物を積み木で作ったり、自分たちでルールを考えて積み木でゲームをしたり、遊びを発展させていきます。

　製作の過程で問題にぶつかっても、自分たちで解決しようと調整する姿も見られます。手先の巧緻性も発達し、慎重に高さに挑戦する姿やドミノ倒しなどにその力が発揮されます。ドミノ倒しでは、コースを工夫しながら途中で倒れても何度でも根気よくお友達と協力して作りあげます。しかけなどを工夫することが得意な子どもが凝ったスタートの仕組みを作りだすなど、お互いに得意なことで協力しながら遊びをより楽しくしようとします。

アークレインボウ　　アングーラ

このように積み木遊びが一人一人の個性とお友達との協調によって豊かに展開してくると、積み木に様々な素材を加えることで表現の幅が広がります。個性的な積み木のアングーラやアークレインボウなどをアクセントに使ったり、布や画用紙を組み合わせたりして、より自分たちのイメージに近づけようと工夫するようになります。

また、時間や空間を認識して少し先の見通しを持つことができるようになる5歳の子どもたちは、玉転がしのために作られた溝のある積み木を用意すると、熱心に取り組む姿が見られます。積み木の位置が少しずれると玉の転がり方が違ってくるので、子どもたちは何度も検証しながら試行錯誤を繰り返し、転がる玉がベルを鳴らすようにするなど、自分たちでコースをデザインして玉転がしを作りあげていきます。

スカリーノ　　　クゴリーノ

6歳頃　仲間と創意工夫を重ねる

● 自主と協調の態度を身につける

6歳になった子どもたちは、遠足で行った場所や、絵本に登場するもの、写真などで見た外国の景色など、自分たちが興味を持ったものを積み木の世界で表現できるようになります。これまでの積み木遊びで培った技術を使って、必要に応じて屋根の傾斜を作ったり、橋を作ったりしながら、イメージを共有して作品を作りあげていきます。そして、共同作品の中に、例えば動物園を作るときに、回転して開閉する凝ったゲートを作る子どもがいるなど、創造的な表現が生かされます。もちろん、作るだけでなく友達が次に必要となるだろう積み木を用意したり、全体を見て崩れそうなところはないか調整したり、思い思いに製作に参加する姿そのものが一人一人の自己表現となります。共同制作の作品を見ると、そこにはお互いが自己を発揮しながら作りあ

げた全体としての調和が感じられます。さらに、子どもたちの積み木作品は、その形でとどまることなく常に進化するところが大きな魅力でもあります。

また、このようなダイナミックな積み木の協同遊びとともに自分自身への思考が深まるこの時期には、じっくり考えて構築する積み木でも子どもは没頭して遊びこみます。例えば、玉の道が外からは見えず、玉が転がる道を頭の中で予測しながら組み立てていくという、少し難しい玉転がし、キュボロなどは予想や見通しを

つける力がついている子どもたちの好奇心をひきつけるものです。

　このように積み木遊びを通して、子どもたちは自己を表現しながら、協同の遊びを展開していきます。こうした遊びを十分に体験しておくことは、やがて就学を迎えようとする子どもたちの、創造性、表現力、社会性など、幅広い力を育み、それが自分への自信とお友達への信頼感となります。

4）積み木遊びの支援

　子どもたちの豊かな積み木遊びを保障するためには、道具としての積み木とともに、人的環境が重要です。そのために、保育者はどのようなことに配慮すればよいのか、大切だと思われる点について考えてみましょう。

❶ 自主性・自発性を尊重する
　幼児期の子どもたちが、協同して作りあげる積み木遊びには、たくさんの時間と熱意、そして工夫する力が必要です。その力の源は、子どもたち自身の中から湧き起こる表現したいという強い思いです。このような意欲を育むためには、日頃から保育の中で子どもたちの自主性や自発性を尊重することや安心して自分を表現できる雰囲気を育んでいくことが必要です。協同の積み木遊びには、指示待ちではない、活き活きと主体的に活動する子どもたちの姿があります。

❷ 発達に応じた環境を考慮する
　子どもたちが生活経験や発達に応じ、意欲的に様々な表現を楽しむために、保育者は道具を整え、お友達と遊びが広がるように空間を配慮するなどの環境を構

成します。

　積み木遊びは、子どもたちの創造的な表現活動です。造形活動で一人一人に絵の具やクレパスなどの道具が必要であるように、積み木遊びでも、発達にあった積み木と量を用意することが重要です。平行遊びから連合遊びに発展する時期には、子どもたちが思い思いに積み木で遊びながら、同時にお友達との遊びが広がるだけの空間が必要ですし、協同遊びが始まると子どもたちの遊びに応じて柔軟に空間を活用することが必要になります。また、子どもたちが遊びに没頭できるだけの時間も大切です。

❸ 豊かな体験とそれを振り返る機会を持つ

　積み木遊びが創造的に発展するためには、子どもたちがいろいろな体験を通して自ら発見し、感動し、感性が豊かになっていることが欠かせません。子どもが、周囲の環境と関わり好奇心をもち、自分なりに考えることで思考が深まり創造力も高まります。また、お友達の考えなどに触れ、新しい考えを生み出す喜びや楽しさを味わうことも必要です。そのためには、様々な体験の機会を作るとともに、保育の中での振り返りや話し合いなどのはたらきかけが、子どもたちのイメージの共有を助け、積み木遊びが豊かに広がるきっかけとなります。

3　ごっこ遊び

　一口にごっこ遊びといってもそのとらえ方は様々で幅広く、1歳頃にはじまる簡単な模倣遊びから幼児期のお友達との協同遊びまで、保育では子どもたちの遊びの中心といえるでしょう。かつては、家の前や庭などに敷物などを広げてごっこ遊びをする子どもたちの姿が日常の風景の中にありました。そこで遊びの道具となったものは、身近な生活道具や草花・石ころでした。近所の子どもたちが集った異年齢の遊びですから、年上の子どもたちが様々なアイデアを出して遊びを発展させ、かたわらで営まれる家族の暮らしは、そのままごっこ遊びのモデルとなりました。こうして子どもたちは世代をこえてごっこ遊びに興じてきたのです。ところが今、子どもたちを取り巻く生活環境の変化から、近所の子どもたちの集まりによる、このようなごっこ遊びの姿を戸外で見かけることはほとんどなくなりました。家の中でも兄弟姉妹は減り異年齢の関わりも減っています。したがって今、保育でのごっこ遊びが子どもたちにとっての主なごっこ遊びの場といえるでしょう。

　どのクラスでも、子どもたちのごっこ遊びの姿は見られることでしょう。しかし、中にはごっこ遊びとはいうものの、実際には保育者主導であったり、あるいは、逆に放任状態で遊びが発展せずマンネリ化していたりする場合もあります。ごっこ遊びが豊かに発展し子どもが意欲的でかつ遊びの世界に没頭できるためには、子どもを主体としながらも、その時々の必要に応じたアイデアや素材などの提供も必要です。それは子どもが自ら育とうとする力に保育者が共感し支援する姿であり、保育全般に通じるものです。幼児期の発達に欠かせないごっこ遊びについてあらためて考えることは、保育の質そのものについて、今一度振り返ることになるでしょう。

　ごっこ遊びを通して子どもたちは物を知り、行動を通して他者を知り、他者を知ることで自分自身を知ります。そして、役割を演じることで社会を知り、社会の一員としての自分を知ります。ごっこ遊びは、人が人として生きていくために大切な力を子ども自身が発見し獲得していく一連の活動であり、子どもの発達にとって欠かせない遊びです。ごっこ遊びによって育まれる力についてあらためて考えてみたいと思います。

1）ごっこ遊びについて

❶ 愛情の体験の確認

お世話ごっこで、子どもたちはお人形のオムツをやさしくとりかえ、ご飯を食べさせます。また、お人形が病気になる設定はごっこ遊びでよく見られますが、お人形を看病する子どもたちの仕草や言葉づかいは、思いやりにあふれています。子どもは何かを学ぶとき、自分でやってみて体得します。ですから、身近な大人にしてもらったことを今度は自分が再現してみることで、その体験を確かなものとして自分の中に取り込んでいくのです。ごっこ遊びを通して幼児期に愛情の体験を再現することは、自己肯定感や基本的信頼感の確認ともいえるでしょう。

❷ ファンタジーの体験

子どもが夢中になって遊ぶ姿を見ていて感じることは、子どもたちが現実の世界と空想の世界を自由に行き来しているということです。子どもはごっこ遊びを通して、布一枚で魔法使いになったり、忍者になったり、現実の生活ではできないことを体験します。幼児期の子どもたちは心が人だけでなく動物や草花、無生物にもあると信じていますから、想像の世界は決して荒唐無稽なことではなく、子どもにとっては自然なことで、その世界で存分に遊び込むことは大きな喜びです。妖精を信じたり、魔法を信じたり、子ども時代のファンタジーの体験は、愛情や思いやりなど、目には見えない大切なことを尊重する心情に通じると思われます。

❸ 言葉を使ったコミュニケーション能力の育ち

お店屋さんごっこをしているとき、店員さん役の子どもは「いらっしゃいませ。○人様ですね。○番テーブルへどうぞ」と、店員さんそっくりの言葉遣いになります。お客さん役の子も、「○○お願いします」とていねいな言葉遣いです。普段の生活では使わないこうした言葉のやりとりも、ごっこ遊びでは盛んに見られ、言葉を使ったコミュニケーションの豊かな体験となります。このように言葉を使いわける力は、赤ちゃ

んには赤ちゃんがわかるようにゆっくりと、目上の人にはていねいに、相手によって言葉を使い分ける社会的な言語力につながります。

　子どもたちは4歳頃には話し言葉が一応の完成期をむかえますが、そこで育みたい言葉の力は単なる語彙力ではなく、その場や相手に合わせた会話の力や自分の気持ちを言葉で表現し、相手の話を聞く力など、コミュニケーションの力です。ごっこ遊びはイメージを共有しながら、会話を楽しむことで、その場や相手に合わせたコミュニケーションの力を育みます。

❹ 生活に必要な知識や知恵の体得

　ごっこ遊びでは、子どもたちが社会の仕組みを自分たちで再現し、発見する過程が見られます。例えば、子どもたちが紙を丸めてわらび餅を作りました。すると、それを冷やす冷蔵庫を作ろうということになりました。さらに、それを売ることとなり、お札や硬貨を作りましたが、

なかなかお客さんが来てくれないと、今度は自動車を作って売りに行くことになりました。ごっこ遊びは、次々に繰り出される新しい思いつきで常に変化していきます。そこには家庭での生活の知恵があり、社会や経済の仕組みがあります。子どもたちは、ごっこ遊びを通して、身近な生活で見聞きしたことを再現することで、社会の仕組みやその意味を自ら発見していくのです。

❺ 自分と周りの人との存在の認識

　お医者さんごっこには、注射やお薬を出す場面が登場します。そこで子どもたちは、お医者さんだけでなく、看護師さん、薬剤師さんなど病院で働く色々な人の役割に気づきます。ケーキ屋さんごっこでも、パティシエだけでなくお店で売る係の人も大切な役割です。子どもたちはごっこ遊びを通して、社会には色々な役割の人がいて、たくさんの人の手によって生活が営まれていることに気づきます。家族にもそ

の目はむけられ、仕事や家事、子育てをする家族の役割を意識することとなるでしょう。お母さん役の子が、子ども役の子にやさしく毛布をかけるしぐさは、行為の再現のみでなく母親の心情を再現しています。このような遊びを体験しながら、やがて子どもは自らも社会の一員であることを自覚していきます。

❻ 物事の本質を知り概念化する

ごっこ遊びをするとき、子どもは周りの物を現実の何かに見立てます。お手玉とフェルトでお寿司を作ったり、紙をクルクルと細長く巻いてポテトを作ったりします。これは実際の物の形を抽象化して表現したものです。また、例えばお医者さんごっこのお医者さん役の子どもは、

病気のお人形に、真剣な表情で聴診器を当てお腹をおさえ、熱を測り、問診もしながら総合的に診断します。その姿からは単なる表面上の模倣ではなく、お医者さんという職業の本質が感じられます。ごっこ遊びでは、物事を見立て抽象化することで、複雑な社会の本質が見えてくるという側面があります。

❼ 表現力、創造力

子どもたちは、お友達とイメージを共有しごっこ遊びで必要な道具を自分たちで作りだします。薄い緑の布を湯のみ茶碗に入れて抹茶にしたり、スーパーでみたレジを工夫して作ったり、クレパス・ハサミ・折り紙・粘土など、これまでの造形等の活動で得た技術を駆使し、その物の性質を上手く利用して自分のイメージを表現しようとします。そこには、試行錯誤や失敗から学び工夫する姿がみられます。これは、子どもたち自身のこうしたい、こんな物が作りたいという意欲が生み出す創造的な表現活動です。

2) ごっこ遊びと子どもの発達

子どもはごっこ遊びで周りの人の行為を「模倣」し、物を何かに「見立て」、誰かの「つもり」になります。それでは、子ど

もはいったいいつ頃からこれらの力を獲得していくのでしょうか。発達の道すじにそって考えてみましょう。

乳児期　模倣から動作のやりとりへ

　乳児は、6ヵ月頃には身近な人の顔が分かり、愛情をこめて受容的に関わる大人とのやり取りを盛んに楽しむようになります。そして、おおむね9ヵ月頃になると模倣する姿が見られだします。大人がいないいないばあなどをしてみせると、そのしぐさや言葉を真似るようになります。予想して期待することもでき、「ばあ」が出てくることを期待して待ち、「ばあ」になったら手をたたいて喜ぶ可愛い姿が見られます。やがて、「バイバイ」や「どうぞ」のしぐさもできるようになりますから、大人としぐさでやりとりする遊びが始まります。

　この時期は大人がしていることに興味津々で、家庭ではお母さんの口紅をさわったり、大人が持っているペンをとって何かを書いているような真似をしたり、家電機器のボタンを押したり、本当に目がはなせなくなります。これは探索活動として物そのものに興味があるというだけでなく、大好きな大人が使っている物を通してその人を感じたいという意思の表れでもあります。先生とお友達が遊んでいると、自分も同じおもちゃを持っているのにお友達のおもちゃを取りに来る姿も見られます。こうした姿からも子どもの興味が単に物に対して向けられているのではなく、その物を介した人との関わりに向けられていることがわかります。このような人への興味は、その人の

していることをじっと観察することとなり、やがてそれを再現するようになります。この時期、愛着を基礎としたモデルとなる大人の存在が重要です。

　また、子どもは同じしぐさを繰り返して遊びますので、そのしぐさに大人が、「いただきます」「ありがとう」などの言葉をそえることで遊びは豊かさを増し、こうした体験が1歳半頃の生活体験の再

現遊びにつながっていきます。ぬいぐるみやカップなどの容器・チェーンリング・布・お手玉などを用意することで、しぐさややりとりの遊びが広がります。

1歳頃　見立て遊びのはじまり

1歳後半になると、子どもは遊びながら様々な場面や物へのイメージを膨らませ、そのイメージしたものを遊具などで見立てて遊ぶようになります。砂場で作ったプリンをパクパクと食べるふりをしたり、積み木がスマホになったり、見立て遊びがはじまります。またその遊びの中で、しぐさとともに簡単な言葉のやりとりも見られます。こうした見立て遊びによって、物を媒介としたコミュニケーションがあらわれだします。この見立てるという象徴機能の発達は、言葉を習得していくこととたいへん重要な関わりがあります。

またこの時期には、一人がグルグルと走り出すと、それを見た周りの子どもたちも一緒になって走って喜ぶなど、テーマの共有化が見られる時期です。何かを見立てて遊んでいる子どものイメージに保育者が言葉を添えると、子ども同士にもそのイメージが共有され広がっていきます。輪状のおもちゃを動かして遊んでいる子どもを見て、自分もまねをして一緒に運転手さんになる姿も見られ、お友達とイメージを共有して遊ぶことは子どもたちにとって大きな喜びとなります。

この時期になると、子どもは過去に経験したことを再現する遅滞模倣も少しずつできるようになりますから、見立てる遊びには、子どもの身近な生活や体験が再現されることが多く、保育者は今その子が何をイメージし何を表現しようとしているのか、理解しようとする姿勢が大切です。生活再現遊びのためのお人形や布、簡単な食器類などの道具を整えるとよいでしょう。

2歳頃　つもり遊びのはじまり

2歳を過ぎると、お人形のお世話遊びやお料理などのごっこ遊びが始まります。遊びの中で子どもはお母さんのつもり、先生のつもりになります。このようなつもり遊びを通して、言葉をやりとりする楽しさを感じることで言葉も豊かに育まれます。また、子どものつもり遊びの対象は身近な人にむけられるだけでなく、リトミック遊びなどでは動物になったり、ちょうちょうになったり、様々な生き物になったつもりで、体全体を使って表現しようとします。2歳は真似っこを楽しむ時期です。

2歳児のクラスでは、カーペットや家具などで他のスペースとは区別されたごっこ遊びのスペースを設け、キッチンやテーブルなどを置くことで子どもたちはつもりの世界にスムーズに入っていくことができ、お友達ともイメージを共有しやすくなります。お人形のお世話には、着脱しいやすい洋服やオムツ、オムツ交換台、おしりふきなどの道具を整えると、遊びに簡単な流れがでてきます。

3歳頃　お友達と一緒に楽しむ

3歳頃になると、これまでの見立てをきっかけとした単純な生活を再現する遊びから発展し、ごっこ遊びに少しずつ流れや役割があらわれます。ただし、お医者さんごっこで一体の患者役のお人形にたくさんのお医者さんがいるなど、まだまだ主観的なところもありますから役割がわかりやすくイメージしやすいように、お医者さん役の子には白衣を用意するなどシンボルを提供するとよいでしょう。子どもはこうした遊びを繰り返しながら、様々な人や物への理解を深め、人との良好な関係を築くための社会性の基礎を獲得していきます。

この時期のごっこ遊びのために大切なことは、まず日々の生活や保育の中で子ども

たちの豊かな実体験があり、その思いを共有してくれる身近な大人の存在があることです。そして、簡単な物語絵本も楽しめるようになりますから、絵本などで主人公に同化して楽しみ、そのイメージをお友達と共有することで、想像力も豊かになります。このような、豊かな実体験と、絵本などの豊かな間接体験、そして共感してくれる大人の存在に見守られながら、子どもたちは安心して自分を表現し遊びの世界に没頭できるようになります。自我が育ち、何でも自分でしたい時期ですから、子どもたちが遊びの主人公となるように簡単に着脱のできるエプロンや具材、おなべ、メニューなど、遊びの道具を整えると、お友達とイメージが共有でき遊びが広がります。

4歳頃
自分の役割を全体の関係の中で意識する

　4歳頃になると、ごっこ遊びはさらに発展します。それは4歳の子どもたちは想像力が豊かになるために、直接体験したことを再現するごっこ遊びから、自分が体験していないこともイメージの力によって表現できるようになるからです。自意識も芽生えていますから、自分がやりたいことをやって楽しむ3歳の頃と違い、遊び全体の中の自分の役割を意識するようになります。

　またこの時期に発達する言葉の力もごっこ遊びの発展にとって重要な要素です。それは役割にあわせて言葉を使いわけるだけでなく、自分の思いを伝えたり、お友達の意見を聞いたりしながら、遊びを創造的に作りだすための力となります。4歳の子どもたちはお友達とお互いにアイデアを出しあうことで、遊びをいっそう豊かにしていきます。

こうして子どもたちは、様々にイメージを広げ、それをお友達と共有しながら想像の世界に没頭します。想像力の広がり、話し言葉の完成、仲間意識の芽生えという発達の特徴を見せる4歳から5歳にかけて、ごっこ遊びは特に重要な遊びで、この時期はごっこ遊びの黄金期といえるでしょう。

5歳頃　役割を演じる

　5歳を過ぎると子どもたちは時間や空間を認識するようになるとともに、集団での活動が高まりをみせます。

　このような力はごっこ遊びの中でも発揮され、遊びの中にも見通しをもった一連の流れがあらわれ、組織的に行われるようになります。また同時に、リアリティーも追求するようになり、より本物らしく、納得できるように道具を工夫して作りだすようになります。絵本をきっかけとしたごっこ遊びでも、単なる再現遊びではなく、直接体験とあいまって自分たちで発展させていきます。その過程で自分たちが決まりも作り、組織だった遊びが継続していきます。話し合いみんなで力を合わせて、一つの世界を作りあげていく活動は、子どもたちにとって、仲間の大切さを実感する機会になるとともに自分も仲間の一員であるという自覚や喜びとなります。

6歳頃　創造的に表現する

　クラスの半数が満6歳をむかえる年長の後半になると、子どもたちの遊びは緻密かつダイナミックになります。クラスの皆でテーマを共有し、その遊びは常に発展しながら何日も継続します。ごっこ遊びに使う道具は、ほとんど子どもたちが必要に応じて自分たちで工夫して作りだします。使い方が固定されているものよりも、十分な量の積み木や様々な造形素材などの工作材料、自然素材などが、ごっこ遊びの物的環境

として応用の幅が広く、子どもたちのイメージに自在に応えることができます。

　子どもたちは、それぞれが得意な方法でその遊びに参加しようとします。お店屋さんごっこでも銀行のATM機やキャッシュカードを作る子どもや、ドライブスルーも必要だと提案して車を作るグループなどがあらわれます。こうして、一人一人が個性を発揮しながら、全体の役に立つ方法を考え、相談して作りあげていく協同遊びが展開されます。

　テーマも幅広く、動物園に行った体験からジャングル作りに発展しアマゾンの生物に興味が広がったり、夏祭の経験から神社ごっこが始まり絵本『めっきらもっきらどおんどん』の世界とつながったり、部屋全体を使って想像の世界が繰り広げられます。保育者は子どもたちが何を必要としているかに留意しつつも、先回りすることなく、子どもたちから発せられる思いを常に尊重しながら遊びを支援することが求められます。

3）ごっこ遊びの支援

　子どもたちが、幼児期にお友達と共同で豊かなごっこ遊びを展開するためには、乳児期からのていねいな関わりと物的、人的な支援が必要です。ごっこ遊びの支援のための保育者の配慮点について考えてみましょう。

❶ 人への信頼感を育む

　子どもたちが、人として成長していくためにはモデルが必要です。子どもたちは信頼や憧れをもって身近な大人の言葉や態度を見て模倣し、やがてその対象はお友達や絵本・物語の登場人物への憧れへと広がっていきます。家庭での家族の何気ないやり取り、近所の方と交わす言葉など、すべてが子どもたちにとっての

モデルであり、それが子どもたちのごっこ遊びとして再現されます。このように、子どもたちが遊びの中でつもりになってまわりの人物を同一化する体験をへることで、人格の基礎が形成され、生活習慣の獲得にもつながります。さらに、日々の暮らしの再現には文化の継承という側面もあるでしょう。

　人への信頼感ではとりわけ、乳児期に自分を受け入れてくれる人の存在が子どもたちにとってのよりどころとなります。その人を模倣し、しぐさを遊びとして再現することで、子どもはその人格を自分の中にとりいれていきます。ごっこ遊びの支援は、その場の遊びに対する支援だけではなく、乳児期からの人間関係豊かな生活を保障することから始まります。保育者がお人形を物として扱っていると、子どもたちはお人形をていねいにお世話しようとしないでしょう。また、保育者が子どもたちに対して威圧的な態度であれば、子どもは無意識にそれを学ぶでしょう。保育者は、自分自身が子どもたちにとっての人的環境のモデルであることを意識することが、ごっこ遊びの支援の第一歩といえるでしょう。

❷ 子どもの表現に共感し、受け止める

　ごっこ遊びのために大切な力は、見立てる力です。1歳児クラスで秋に一人の子どもが靴下を手にはめていました。それを見た担任の先生は、その子が前日に幼児クラスの子どもたちが軍手をはめてお芋掘りをするのをじっと見ていた姿を思い出しました。そこで、よいしょよいしょと言葉を添えると、お芋掘りをイメージした遊びがはじまりました。

　このように、ごっこ遊びの最も基本的な支援はイメージの共有であり共感です。保育者は、子どもたちが安心して自分なりのイメージを表現できるように、一人一人の思いや素朴な表現を共感し受け止めることが大切です。気持ちによりそい一緒に楽しんでくれる大人がそばにいて見守ってくれていることで、子どもたちは安心して自分を表現できるようになります。保育者は、「これは何に見立てているのかな」「だれになっているのかな」と子どもたちの様子を良く見て思いをめぐらせ、気持ちにていねいによりそうことが人的環境として求められます。身近な大人と気持ちを共有する体験は、やがて幼児期にお友達とイメージを共有する豊かなごっこ遊びへと発展していきます。

❸ 子どものイメージを主体に、子どもと共に環境を構成していく

　保育者は、子どもたちがイメージをどのように遊びの中に表現しようとしているのか理解に努めながら、そのイメージの世界を充分に楽しめ、表現できるように道具

や素材を用意し、環境を構成していくことが大切です。そのためには、子どもたちの言葉にていねいに耳を傾け、応答的に関わりながら、必要に応じて資料を用意したり、園外にもでかけていくなどの支援も必要です。保育者自身が常に柔軟な気持ちと豊かな好奇心を持って、子どもたちの興味に応えられるようにたくさんのポケットを用意しておくことが大切です。その姿勢は、子ども一人一人の輝きを見つけることになり、子どもたち自身がお互いを認め合い尊重する姿につながっていきます。

④ シンプルな素材によって、イメージがより豊かに広がることに留意する

　ごっこ遊びの素材を選ぶときに欠かせない視点が、その素材が多様な見立てや豊かなイメージを引き出すことができるかどうかという点です。ごっこ遊びの素材では、形の決まったものよりもシンプルな素材の方が、子どもたちのイメージがふくらみます。例えば、ごっこ遊びの食材は、食べ物の形をした物よりも、シンプルな布や毛糸、お手玉などの方が子どもたちのイメージに柔軟に応えます。また、ごっこ遊びのお人形も笑顔のものよりも、無表情なものの方が、子どもの気持ちを反映できます。子どもはものに触れてイメージを浮かべ、そのものを実際に手にとり使いながらさらにそのイメージを広げていきます。このように子どもと対話のできる素材が、子どもたちの想像力をふくらませていく物的環境には求められます。たとえばごっこ遊びでは、一枚の布が大活躍をします。エプロンになったり、お姫さまのドレスになったり、魔法使いの衣装になったり、忍者になったり、子どもたちの様々なイメージに応えます。このような、子どもたちのイメージを多様にひきだす素材を、子どもたちが日常的に触れられるように保育室に常に用意しておくことで、子どもたちはイメージをすぐに表現でき、その楽しさを実感することができます。

⑤ 発達にそった、物的環境と空間を保障する

　さて、一口にごっこ遊びといっても、子どもたちの興味や発達によって遊びの質や内容は変化していきます。大切なことは、子どもたちの発達に適した環境を整えていくことです。ごっこ遊びの発達の順序性について、縦の流れでおおまかにふりかえってみましょう。

ごっこ遊び　発達の順序性

乳児～3歳未満	見立てる（象徴機能）
	動作のやりとり
	簡単な言葉のやりとり
	模倣遊び（ふり遊び）
	つもり遊び　（初歩的なお世話遊び）
	つもり遊びが幅広くなる（お医者さん、先生、お店やさん等）
幼児期	役割の登場
	役交代（他者との協調）
	一連の流れのある系統だったごっこ遊び
	協同して創造的に表現しながら変化し、発展していくごっこ遊び

　それでは、具体的にそれぞれの発達段階でどのようなおもちゃや道具をそろえていくとよいか、考えてみましょう。

4）ごっこ遊びの道具

乳児クラス

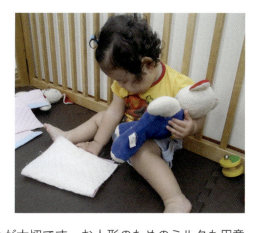

　お人形を寝かせたり、ミルクをあげたり、抱っこしたり、自分の体験を再現しようとしはじめます。お人形は、ジルケのくまやうさぎなど抱っこしたときの感触がやわらかく心地よいものでさらに丸洗いができるものがよいでしょう。お人形には大きさのあったベッドと布団を用意し、遊びおわったときにはそこに寝かせてあげるようにします。大人がお人形をていねいに扱うことでモデルを示すことが大切です。お人形のためのミルクも用意しましょう。洗面器と布でお風呂にしたり、お手玉をレンゲですくって食べさせるようにしたり、乳児期の子どもたちにとって無理のない範囲でお世話を再現できるような道具を整えます。また、お友達のしていること、持っているものが気になるようになりますから、お世話遊びのための人形や道具は複数用意して、お友達と一緒に遊べるようにすると、お互いが遊びのモデルとなります。保育者は子どもたちの遊びを見守り、必要に応じて、「おやすみ」「おいしいね」と言葉を添えたり、保育者自身がお

人形を寝かせたりする姿を見せるとよいでしょう。

1歳児クラス

1歳児クラスになると、簡単な流れが登場します。お弁当をつくってバッグにいれ、バスに乗ってピクニックに行くなど、生活を再現して楽しむようになります。お友達ともイメージを共有しはじめます。しかし、まだ発達に個人差や月齢差も大きく遊び方も様々であることと、自我を主張する時期でもあることでおもちゃの取り合いが起こることもあります。そのためこの時期は個々の遊びを意識して道具を整えることが重要です。年度のはじめは、一人一人に簡単なコンロとおなべ、お皿、具材、お玉やレンゲを用意して、自分の目の前の遊びに満足するまで向き合える環境を整えます。色別に用意しておくと、一人一人の遊びがわかりやすくなります。

やがて2歳を迎える子どもたちが増える年度後半になると、子どもたちの遊ぶ様子を見ながら乳児用調理台を設置してもよいでしょう。その場合も、具材をたくさん提供しすぎるのではなく、個々の遊びが保障できるように配慮しつつ、その空間で3人〜4人で遊びやすい環境をめやすにします。子どもが自分で簡単に着脱できるゴムを使ったエプロンや三角巾を用意すると、エプロンをして調理をするという簡単な流れができるとともに、それを着けている人が調理台で調理ができるというわかりやすいルールが生まれます。

お人形遊びも、1歳児クラスになると人間の形をしたお人形にして、オムツ・オムツ交換台・おしりふきなども用意して、流れのあるお世話再現遊びがしやすいように配慮するとよいでしょう。お

人形が3体あれば、お世話のセットも3組必要です。

このように、1歳児クラスの子どもたちは、象徴機能が発達し言葉がではじめる子どもたちですから、簡単なお世話遊びがイメージを育みます。言葉には個人差が大きいので、たとえまだ言葉がでていなくても言葉の泉となるイメージを豊かに育むことが発達の支援となります。お世話遊びの中にも、手先の発達を意識してレンゲやスプーンですくう遊び、エプロンや帽子を着脱する遊びなど、生活の力となる簡単な遊びをとりいれるとよいでしょう。

2歳児クラス

2歳児クラスになると、お世話遊びの再現だけではなくお店やさんごっこやお医者さんごっこ、先生ごっこなど、身近な職業が遊びの中に登場します。自我を主張し、何でも自分でやりたい子どもたちですから、配慮点としては、子どもたちが自分たちでできるように環境を整えることです。

お医者さんごっこでは、ついたて等を利用してお医者さんと患者さんの座る位置をわかりやすいようにしておくことで、役割が明確になります。また遊んでいるうちに、役割があいまいになることもありますから、お医者さんには白衣を用意することなども必要です。体温計、聴診器、注射器など簡単な道具も用意すると遊びの支援がよりていねいになります。このように物的環境を整えて役割や遊びの内容を具体的にわかりやすくすることで、「お大事に」など役割らしい言葉の表

現が生まれます。

　お店屋さんごっこでも、お店やさん役の子どもには帽子や法被（はっぴ）など、その職業らしいものを用意します。言葉の発達の個人差にも留意し、言葉のやりとりが未熟な子どもも指差しで注文できるような、写真つきのメニューも用意するとよいでしょう。お店屋さん役の子どもはそのメニューをみながら、注文通りの料理を作るというルールのもと簡単な流れができます。

　お人形には、着替えやおんぶひもを用意し、ベッドだけでなくハイチェアーもお人形の大きさに合わせて用意します。お人形の着替えは、上着は前開きのものが着脱しやすく、マジックテープ、大き目のボタン、スナップボタンなど、子どもたちの手指の操作性をみながら配慮していきます。スカートやズボンもゆったりしたゴムを使い着脱させやすいものがよいでしょう。お人形にもエプロンやパジャマ、レインコートを作ると、生活の流れを意識したお世話遊びになります。

幼児クラス

　幼児クラスになると、ごっこ遊びは実体験と空想の世界があいまって発展していきます。そのためには、まず豊かな実体験とそれをふりかえる機会も必要です。外遊びでの虫採りやどんぐり拾いなど季節ごとの体験や、お散歩にいったときに憧れた大工さんや消防士さんなど、町の人の姿、自然事象、社会事象について、興味をもって意見を言いあったり、自分たちで調べたりできるように図鑑や資料を用意したり、直接お話を聞く機会を設けるなど、子どもたちのその時々の興味や好奇心をていねいに深め広げていくことが必要です。

　また、直接体験とともに幼児期の子どもたちは空想の世界に心躍らせその世界にひたって楽しむことができますから、絵本や物語などの豊かな間接体験も大切です。虫への興味から絵本『くものすおやぶんとりものちょう』（秋山あゆ子作　福音館書店　2005）につながり、保育室は時空を超えて江戸の世界となったり、大工さんへの憧れが家を作る興味となり『三びきのこぶた』（瀬田貞二再話　福音館書店　1960）の世界が展開したり、現実と空想の世界が一緒になって心躍る想像の世界が広がり

ます。そのためには、幼児クラスには次のように環境を配慮するとよいでしょう。

ごっこ遊びの配慮点
・豊かな実体験と、それをふりかえる機会をもつ。
・子どもたちの間接体験として、興味にそった良質の絵本や物語を楽しむ。
・道具や素材は、子どもたちの遊びたい気持ちに応えスピード感をもって整える。
・いつでも作りたいものが作れるように造形活動の場所と道具を常備しておく。
・遊びのシンボルとしての積み木と、常に形を変えて毎日遊べる積み木を保障するため、充分な数の積み木を用意する(数と種類は、積み木の項参照)。
・多目的ついたてなどを活用して、子どもたちが柔軟に環境として使える道具を用意する。
・遊びが継続できるように、生活の動線と遊びの空間に配慮する。
・遊びが停滞したときには、アイデアを提供したり絵本や資料などを用意したりする。
・話し合いをして、子どもたちから意見を引き出す。
・必要に応じて遊びのモデルを示したり、白衣やエプロンなどシンボルを提供したりする。

このように支援することで、子どもたちが主体的にすすめていくごっこ遊びは何日も継続して発展していきます。行事などで遊びが分断されないような配慮も必要でしょう。さらに、ごっこ遊びの中に、大人からは見えるのですが、子どもたちが大人の視線を感じないでいられるようなテントや子どもの家、大きな船なども配慮するとそこが子どもたちだけの世界となり、想像の世界がいっそう広がるとともに落ち着くことができ、子どもたちの情緒の安定につながります。また、何日も継続するごっこ遊びでは、子どもたちに、ごっこ遊びの世界に入らないでいられる自由も保障することが必要です。ごっこ遊びからはなれて絵本を開いてゆったりするくつろぎのための場所や、机上のゲームなどの遊びの場所、科学的な観察をする空間なども、保育室に常に確保するようにします。

4 ルールのある遊び

　ルールのある遊びとは、カルタやトランプなど主に机上での一定の決まりにそった遊びです。戸外の鬼ごっこやかくれんぼなどもルールのある遊びですが、この項では保育室の環境という観点から室内で遊ぶゲーム類についてとりあげます。

　社会には様々なルールや決まりがあり、子どもたちも普段の生活を通して、決まりがあることに気づき、それを守ることの大切さを徐々に理解していきます。また、もちろんゲーム類でなくても、わらべうた、ごっこ遊び、積み木遊びなど子どもたちのほとんどの遊びには一定のルールがあります。

　子どもたちは、日常生活や遊びを通して、ルールを守ることで自分たちの生活がより充実し、遊びもより楽しくなることを体験から学んでいきます。それに加えて、ルールのある遊びとしてゲーム類を保育に取り入れることで、子どもたちは決まりの大切さに気づくだけでなく、負けることによる負の体験とそれを乗り越える力、思いやり、連帯感など、幅広い力を育んでいきます。自我が育ち自立の階段を昇る幼児期にルールのある遊びの体験は大切です。保育の中でルールのある遊びによって育まれる力とその可能性について考えてみましょう。

1）ルールのある遊びについて

❶ 社会性

　4歳頃になると、子どもたちは日々の生活や遊びを通して決まりの大切さに気づき、それを守ろうとするようになります。そうした力を育むために、子ども同士の育ち合いが大きな役割を果たします。子どもたちは、はじめは自分の気持ちばかり先行して決まりを守れない姿も見られ、そのことでお友達とぶつかり、けんかも多くなります。しかし、自意識が芽生えることで自分の行動を見つめ結果を予測する力がついてくるにつれ、自己主張ばかりしていては楽しく遊ぶことができないことに気づき、徐々に相手の気持ちも受け入れられる余裕ができてきます。このように遊びを通して、けんかや悔しい思いも経験しながら、決まりの大切さに自ら気づくことが大切です。その体験は日常生活にも反映され、子どもたちが生活の中の決まりを守ろうとする態度につながっていきます。

② 根気や集中力

小1プロブレムでは、授業中じっと座れない、話が聞けないなど根気や集中力が十分に育っていない子どもの姿が指摘されています。根気や集中力や忍耐力は、大人に指示されて培われるものではなく、子どもの主体的な活動を通して育まれるものです。ルールのあるゲームでは真剣

になって集中し、負けても何度でも挑戦することで根気も育まれます。これは、決して子どもに我慢を強いる姿ではなく、子どもが自ら育とうとする姿であり、これが遊びの力といえるでしょう。

③ 負の体験

勝敗のあるゲームでは、当然勝つときもあれば負けるときもあります。子どもたちのゲームは真剣そのものですから、負けたときには悔しくて泣いてしまったり、負けそうになるとゲームを途中でやめてしまったりする姿もあります。しかし、遊びを通した負の体験は大切です。自分が負けて悔しい思いをするから、勝ったときには負けた相手の悔しさがわかります。そして、悔しさを乗り越え気持ちをたてなおし、また次のゲームでがんばればよいのだということを子どもは経験から学んでいきます。小さな負の体験とそれを乗り越える体験の繰り返しは、しなやかな心の強さとなります。

④ 推理力・言葉の力・数の力・瞬発力など幅広い力

ルールのある遊びには、様々な要素があります。例えば、4歳頃になるとしりとりを楽しみますが、しりとりを通して子どもたちは言葉を全体としてとらえるだけでな

く、「リ・ン・ゴ」などのように、一つ一つの音としてとらえる、音節分解に気づきます。トランプやカルタにも数や言葉、推理力、記憶力や瞬発力など様々な要素があります。このような力は、楽しみながら獲得することで本当に使える力として身に付きます。

⑤ 個性が発揮される

日々の生活の中で子どもたちは様々な表情を見せますが、ゲームでは別の一面が見られることがあります。戸外での遊びではどちらかというと消極的な子どもが、ゲー

ムのときに脚光を浴びることもよくあります。偶然で勝敗が決まるゲームで勝つ場合もありますが、例えば、記憶力が優れていてメモリーゲームが得意な子、数のひらめきがあり数に関するゲームが得意な子、言葉をたくさん知っていて言葉遊びのゲームが得意な子、ユーモラスなスゴロクになるとはりきる子、要領よく先をよんでゲームを進めていく子など、ゲームを通して子どもたち一人一人の個性が光ります。こうして自己を発揮することで、子どもたちは自信をつけ、お互いを尊重し、他の活動にも積極性が見られるようになります。

❻ 遊びの経験を応用して自分たちでルールを作りだす

　5歳頃になると、遊びの経験を応用して自分たちでルールを作るようになります。年少の子どもにはルールをやさしくしてあげたり、自分たちでスゴロクのようなゲームを作ったり、戸外でもすべり台などの遊具を使って一定のルールのもとに遊びを展開するなど、ルールのある遊びの経験が他の遊びや生活に反映されます。

❼ 失敗から学び工夫する力

　子どもたちが遊ぶ様子を見ていると、遊びを通して経験学習しそれをすぐに生かす様子が見て取れます。例えば、トランプの神経衰弱で初めのうちはすでにわかっているカードからめくる姿が見られますが、慣れてくるとまずわからないカードからめくるようになります。これはちょっとした遊びのコツですが、失敗や悔しい思いをしながら自分で獲得した知恵です。このように気持ちを立て直して、失敗から学ぼうとする態度は、問題に直面したときにそれを生かしてそこから学ぼうとする力の源となります。

❽ 楽しさを共有する体験

　休みの日になると、レジャーランドや大型ショッピングセンターで親子連れの姿がたくさん見られます。大人は、お金を使ってどこかへ行くことで子どもと遊んでいるつもりになります。しかし、そのような消費型のレジャーよりも案外子どもは近くの公園や空き地が楽しいのか

も知れません。室内のゲームもまた子どもにとっての楽しい時間です。園では保育者や子ども同士、家庭では親子で真剣に楽しむゲームの時間は、子どもたちにとって楽しいひとときです。大人が子どもに負かされることもよくあります。子ども同士、そして、大人と子どもが一緒になって、みんなで楽しむ遊びの時間は心から楽しめる充実した時間の共有です。

2）ルールのある遊びと子どもの発達

　子どもたちがルールのある遊びを理解できるのは２歳後半頃になってからですが、どの時期にどんなゲームが適しているのか、発達の道すじにそって考えてみましょう。

2歳頃　見守られながら決まりを知る

　２歳頃の子どもたちには、「もう赤ちゃんじゃない」という自負があり、それが自我の育ちを支える自信になっています。けれども、まだこの時期はあらゆる面で土台を培う時期ですから、生活面でも遊びの面でも、一人一人への細やかな配慮が必要です。強く自己主張することも多くなり、思い通りにいかないと、泣いたりかんしゃくをおこしたりすることもあります。大人がこうした自我の育ちを受け止めることにより子どもは安心するとともに、やがて自分の行動のすべてが受け入れられるわけではないこともわかっていきます。この時期自分を受け止めてくれる大人の存在によって子どもは気持ちを鎮め、立て直していけるようになります。

　そんな２歳の子どもたちも年度の後半になると、保育者と一緒にルールのあるゲームが楽しめるようになります。この時期はまだ自分を客観的に見ることができませんから、勝敗を意識するよりも簡単なルールを理解して順番を守ることが遊びの主なテーマとなります。ものごとの共通性に気づく時期ですから、偶然性を楽しみながら、色をそろえる遊びなどが適しています。はじめは保育者が子どもたちと一緒にゲームを楽しむことで、子どもたちのルールのある遊びへの興味が広がります。

2歳児に適したゲーム

テンポかたつむり

【遊び方】
色サイコロで出た目と同じ色のカタツムリを進めることができます。
子どもたちは、みんなでカタツムリを応援します。

【発達にそったゲームの特徴】
子どもたちに勝敗はないので、みんなで遅れをとっているカタツムリを応援したり、また自分の好きな色のカタツムリを応援したりして遊ぶことができます。順番や簡単なルールを理解するはじめての遊びとして適しています。

テディメモリー

【遊び方】
メモリーゲーム（神経衰弱）ですが、2歳では勝敗にこだわるよりも揃う楽しさで遊びを進めます。カードは全部で24枚、12ペアです。初めは半数の6ペアくらいから遊ぶとよいでしょう。

【発達にそったゲームの特徴】
カードは大きく分厚い紙でできていますので、2歳の子どもに扱いやすいものです。

3歳頃　友達との関わりを通して、決まりを守ることを理解する

　道具を仲立ちとして、平行遊びから徐々にお友達との関わりが見られるようになる3歳の時期、ルールのあるゲームをお友達と楽しむことは、お友達と一緒に遊ぶ充実感を与えてくれます。道具の取りあいなどの表面的な理由からけんかも起こる時期ですが、ゲームを通して決まりや順番を理解し、守ろうとすることは他の遊びの場面や日常の生活にも生かされていきます。この時期は、大―小・長―短などの対比的な認識ができるようになりますから、ゲームにもそうした要素を取り入れることができます。

3歳児に適したゲーム

キーナー動物ドミノ

【遊び方】
場にでているカードと同じ絵をつないでいく、絵しりとりの遊びです。一人でも遊べます。

【発達にそったゲームの特徴】
偶然性による簡単なゲームです。勝敗を決めず、お友達と協力して並べて遊ぶこともできます。ルールは簡単ですが、遊び方は固定されず幅広く遊ぶことができるため、お友達との関わりが見られだす時期に子どもたちの理解度に合わせて柔軟な遊び方ができます。

クイップス

【遊び方】
ボードを一枚ずつ配ります。順番に色サイコロと数サイコロをふって、出た色のピースを出た数だけもらい、ボードの穴の同じ色のところにはめていきます。あまったピースは返して、全部はまったら完成です。

【発達にそったゲームの特徴】
3歳は、色と数に興味を持つ時期です。このゲームでは、3歳の子どもが操作できる3までの数を、6つの色との複合条件で遊びます。

キーナーメモリー

【遊び方】
メモリーゲーム（神経衰弱）です。

【発達にそったゲームの特徴】
30組60枚のカードがあります。初めは半数位から遊ぶとよいでしょう。収納の木箱がありますので、かたづけのときに、同じ絵を揃えて片付けることも遊びになります。

キーナーロット

【遊び方】
6つの絵が書かれたボードを一枚ずつ配ります。一つの絵が描かれた札を裏返して山にして、めくった絵と同じ絵を探して自分のボードに重ねます。6つ全ての絵がそろったら完成です。

【発達にそったゲームの特徴】
絵をよく見比べて観察します。絵を自分なりに言葉で表現したり、お友達に同じ絵があるのを教えてあげたり、子ども同士の関わりが楽しめます。

4歳頃
相手の気持ちを察するようになる

　3歳頃の子どもたちは「ナンデ？ ドーシテ？」を連発するようになります。それは目に見えないことにも思考が及び、「どうして太陽はまぶしいの？」「どうして夜は眠らないといけないの？」「どうして青虫はちょうちょうになるの？」など、ものごとの因果関係に意識が及ぶようになるからです。ですから、4歳を迎える頃にはゲームの勝敗も納得して楽しめるようになってきます。そうはいうものの、まだまだ負けるとすねてしまったり、負けそうになって途中でゲームをやめてしまったりする姿も見られますが、徐々に経験を重ねることでそれも乗り越えられるようになっていきます。

　またこの時期、ものごとを客観的にとらえられるようになる力は、自分と相手の関係にも及び、子どもは自分と他人とをはっきりと区別して認識するようになります。言葉に二人称が出だすのもこの時期です。3歳頃までは主観的で自分が楽しいときは相手も楽しんでいると感じていますが、だんだん自分の気持ちと相手の気持ちが必ずしも同じではないことに気づき、相手の気持ちを推し量ろうとするようになりますから、ゲームで負けたお友達の悔しい気持ちにも思いが及ぶようになります。

　大きく発達の階段を昇るがゆえに、心の葛藤が見られる4歳の時期、お友達と一緒に楽しむゲームの時間は、その時間そのものが楽しく満足できる時間であるとともに、思いやりを育んだり決まりを守ったりする意味でも重要です。4歳になると、やや複雑なルールも理解できるようになります。

4歳児に適したゲーム

ロッティカロッティ（小）

【遊び方】
うさぎの足の裏の色を当てるとニンジンカードがもらえます。メモリーゲームとカルタの両方の要素で遊べます。

【発達にそったゲームの特徴】
集中力と記憶力を発揮して楽しむゲームです。ルールは4歳頃の子どもたちに理解しやすいため、子どもたちだけで遊びを進められます。

りんごゲーム

【遊び方】
ルーレットを回して、止まった絵の指示に従って10個のリンゴを収穫します。カラスにリンゴをとられたり、アイスがでたら一回休みになったり、偶然性で勝敗が決まります。

【発達にそったゲームの特徴】
立体の樹から、カゴに小さなリンゴをつまんで収穫していくのが楽しく、カラスやアイスの登場に物語性もあり、子ども同士の会話もはずみます。

にわとりの追いかけっこ

【遊び方】
神経衰弱の要領で、自分のにわとりに4色のしっぽをつけるゲームです。しっぽをとったりとられたり、またとりかえしたり、スリルがあります。

【発達にそったゲームの特徴】
木製のにわとりが大きくしっぽをつけるのも楽しいので、子どもたちはしっぽをつけたくて集中して記憶力を発揮します。

クラウン

【遊び方】
サイコロでふった目と同じカードがもらえます。もらったカードで自分のピエロをつくります。もらうカードによってノッポのピエロや小さなピエロができます。

【発達にそったゲームの特徴】
サイコロの目の数の大きさと、ピエロの長さが連動しています。ピエロがユーモラスで勝敗にこだわらずに楽しめます。

5歳頃　目的を持って主体的に決まり守る

　5歳頃になると、子どもたちは目的に向かって活動するためには、ルールを守ることが大切であることがわかり、自分の役割を果たそうとするようになります。そして、ルールを守るだけでなく、その場の状況に応じて自分たちでルールを作りだすこともできるようになります。遊びの中でけんかやもめごとが起こっても、大人に頼らず自分たちで解決しようとします。5歳の子どもたちが楽しめるゲームは、偶然性によって勝敗が決まるものだけではなく、協力するもの、戦略をたてるもの、指先の巧緻性を使うものなど、多彩なものを用意するとよいでしょう。

5歳児に適したゲーム

サウンドクアルテット

【遊び方】
動物のなきまねを使ってお互いにコミュニケーションしながら、同じ動物カードを4枚そろえていきます。4枚の動物カードを多く作った子どもの勝ちです。

【発達にそったゲームの特徴】
簡単な推理力、記録力、偶然性など複数の要素があります。動物の鳴きまねだけでゲームが進行するので、一人一人工夫して個性がでます。

フィグリクス

【遊び方】
3種類のサイコロを振って、出た絵柄や色と一致するカードを急いでさがします。複合条件を瞬時に判断して探し当てる集中力が必要です。

【発達にそったゲームの特徴】
サイコロの組み合わせは54通りになるので、あわてて違うカードをとることもあますが、5歳の子どもたちは、お互い同士で正解か確認します。

マイティーMAX

【遊び方】
サイコロをふって出た目の数だけウサギを動かし、1から6までのウサギの家族を集めます。マイティーMAXカードがでたら誰かを指名し好きなカードがもらえます。

【発達にそったゲームの特徴】
ウサギを進める向きや、マイティーMAXの使い方など、簡単な戦略があります。

アクロバットタワー

【遊び方】
小人を崩れないように積んでいく単純なゲームですが、形が複雑なのでバランスを考え慎重に積み上げなくてはなりません。手持ちの小人が早くなくなったら勝ちです。

【発達にそったゲームの特徴】
ルールは単純ですが、全体を多面的に見る力と、思い切りのよさも必要です。スリルがあり達成感を共有できます。

6歳頃　気持ちに余裕をもってゲームを楽しむ

6歳になった子どもは、思考が深まり、気持ちに余裕をもってゲームを楽しむことができるようになり、楽しめるゲームの幅が広がります。例えば、作戦として時には相手に進路を妨害されることになっても、それもルール上のことと、お互いに理解し納得することができます。そこには自分が相手の立場だったとしてもそうするだろうという相手の気持ちを推し量る力が感じられます。作戦が必要なもの、簡単な計算を必要とするもの、推理力を必要とするものなど、ゲームは奥が深く楽しいものとなっていきます。トランプの七並べやウノ、オセロ、スゴロクなどもルールを理解して遊べるようになります。心理戦の真剣勝負では、勝負を見ている子どもたちも口出しせずじっとゲームの行方を見守ります。

6歳児に適したゲーム

帽子とりゲーム

【遊び方】
サイコロをふって帽子型のコマを好きな方向に進めます。止まったマスに相手の帽子があれば自分の帽子をかぶせ、たくさん陣地に持ち帰ったら勝ちです。

【発達にそったゲームの特徴】
安全地帯を上手に使ったり、どの方向に行けばよいか判断したり、多面的な視点で戦略が必要です。

タスタス

【遊び方】
3つの絵が描かれている板を並べて、同じ絵をタテヨコナナメに揃えます。タテヨコは1点、ナナメは2点です。

【発達にそったゲームの特徴】
シンプルなルールですが、同じ板でも置き方によって点数が変わるので最も点数の高い置き方を考えます。

3) ルールのある遊びの支援

　ゲームには、人数や年齢に応じて、種類も豊富で様々な楽しみ方があります。ここでは、子どもたちが発達にあったゲームに出会いそれを楽しむために、保育環境としてどのような点に配慮すればよいか考えてみたいと思います。

❶ 子ども自らが決まりの大切さに気づく体験の重要性を認識する

　子どもは、生活の中で身近な大人をモデルにしながら、社会のルールを少しずつ身につけていきます。そして5歳頃になると、自分で考え納得して行動するようになります。けんかのときも、自分が悪いと思っていなければ決して謝ろうとはしません。これは、この時期になると子どもは、思考力が芽生え、自分でものごとを判断できるようになるからです。言葉を使って調整することもできるようになりますから、自分たちで話し合いながら決まりを作りだすこともできるようになります。

　お友達と一緒に遊びを共有するということは、お互いにルールに従うということであり、ルールを守らないと楽しい遊びにならず、その遊びも継続しないことを、子どもは遊びを通して理解していきます。より楽しく遊ぶためには自分たちでルールをつくったり、つくり変えたりすることもできるようになります。このような遊びの体験が、生活上のきまりを理解し、守ろうとする力の基盤になっていきます。遊びの場面で意見の食い違いや様々な葛藤を経験することを経て、子ども自らが決まりの大切さを実感していきます。たとえルールに従えない子どもがいたとしても、一方的に指導、指示をするのではなく、保育者は子ども同士の育ちあいを尊重し、子どもたちが解決できるように支援することが求められます。

❷ 気持ちに寄り添い、気長に見守る

　発達を考慮しながら、年齢にあったゲームを選び保育に取り入れても、子どもたちは、途中で集中力がきれてしまったり、負けてすねてしまったりする姿も見られます。

　子どもたち自身も決まりの大切さは理解しているのですが、遊びに本気になるあまりつい感情的になってしまうのです。けれども、自分の欲求を無理に通してきまりを守らなかったために、お友達との遊びが壊れてしまったり、仲間関係がくずれてしまったりすることを体験するうちに、子どもたちは、少しずつ自分の気持ちを調整することの必要性がわかってきます。保育者が気持ちによりそうことで、子どもはやがて自分の気持

ちを調整しつつ周囲との関係をつくることができるようになっていきます。このような体験を経て子どもは、自分の気持ちも大切にしながら、まわりとの関係にも思いをよせることができるようになります。そのためには、子どもの揺れ動く気持ちによりそい信じて見守る大人の存在が欠かせません。

❸ 子どもの興味や関心を大切にする

　ゲームには、簡単な計算を要するもの、反射神経、集中力、運、直感、言葉の感覚、手先の巧緻性など、複合して様々な要素が含まれています。

　ゲームは子どもたちが集中して本気で取り組むものですから、ゲームを通して子どもたちの興味や関心は、おのずと広がっていきます。しかし、子どもによってはゲーム自体にあまり興味を示さない子どももいます。そんな時は、例えば動物や乗り物など、その子が興味を持つ物をテーマにしたゲームを用意したり、短い時間で簡単に楽しめるものを用意したり、その子の興味を入口として遊びやすいものからゲームへの関心を少しずつ広げていけばよいと思います。保育者と1対1でその子が取り組みやりやすいゲームを楽しむことで自信をつけ、初めは興味がなかったゲームにも少しずつ関心を持つようになります。こうして、やがてお友達ともゲームを楽しむようになり徐々に興味も広がっていきます。

5　その他の遊び

　ここまで、1.手や指を使う遊び　2.積み木遊び　3.ごっこ遊び　4.ルールのある遊びと4つの遊びについて、0歳から6歳まで縦の流れでたどってみてきました。それに加えて遊びには、乳児期の粗大遊びなど年齢毎に特に重要な遊びがあります。そこでこの項では、それらの遊びについて発達にそって考えていきたいと思います。

1) 乳児期

諸感覚を育む

　生まれたばかりの赤ちゃんは、周りの世界からの刺激によって心身が健やかに育まれていきます。特に生後6ヵ月までの時期は、見て・聞いて・さわって・なめて、五感が著しく発達する時期です。身近な大人の声や鈴などの音に反応して、そちらを見ようとしたり、はっきりした色のおもちゃをじっと見つめたりしながら周りの世界を知ろうとします。この時期は視力よりも聴力の方が発達していますから、わらべうたを歌ったり、やさしく声をかけたりするなど聴力を刺激することで、子どもが声のするほうをじっと見つめるなど他の感覚にも働きかけることとなります。機械音ではなく人の声の心地よさをたっぷり感じさせてあげたい時期です。

見つめるおもちゃ　聴くおもちゃ

　まだ寝返りができない乳児は、モビールなどの吊るすおもちゃをじっと見つめます。生まれたばかりの乳児の視力は0.01ほどで、満1歳でも0.3ほどだといわれていますので、動きの速いものではなく、ゆったりとした自然な動きで、色は、はっきりとしたものがよいでしょう。大人が布やお手玉、ガラガラなどをゆっくりと動かすと乳児の追視を促します。はじめは左右そして上下の動きへ、線の追視からはじめます。

モビールZOO　　　メリーゴーランド　　　オルゴール花　　　手まわしオルゴール

触れるおもちゃ

　主体性が芽生える4～5ヵ月頃になると、じっと見つめた物に自分で手を伸ばして触れようとします。柔らかな感触のおもちゃや耳に心地よい音の出るおもちゃを乳

児の手が届く所においてあげるとよいでしょう。聴く、見るに加え、触って、嗅いで、舐めて、豊かに五感が育まれます。

カーレくま

ベビーボール

ベルハーモニー

粗大運動

　乳児期後半になると、お座りからハイハイ、つかまり立ちからつたい歩き、そして一人歩きへと、運動面がめざましく発達します。その時々にそれぞれの動きや姿勢を十分に経験することが大切です。こうした運動面の発達により、子どもの視野が広がり、子どもは様々な刺激を受けながら生活空間を広げていきます。お座りができることで、子どもは手を自由に使えるようになりますし、ハイハイができると自由度は飛躍的に増します。さらに、つかまり立ちができるようになると、子どもの視野は大きく広がります。運動面の発達は、探索意欲や手指の微細運動など他の発達と関連しながら、発達全般を支えています。この時期に大切なことは、例えば力強くハイハイができるための前段階としてグライダーポーズ注①やピボットターン注②を遊びの中で促すなど、発達を急がずていねいに支援することとその獲得した力を十分に発揮する機会を保障することです。

注①　グライダーポーズ：寝返りの頃の、うつぶせで手足をうかせて体をそらせるような姿勢
注②　ピボットターン：寝返りの頃の、うつぶせでお腹を中心に手足で床をけって体を回転させる動き

ハイハイの頃

　ハイハイは、初めはずりばいからやがて四つんばいになりますが、つたい歩きがはじまる頃には手の力もつきますから、膝を床につけず高ばいをする姿も見られるようになります。ハイハイができることで子どもは好きなところに移動できる自由を獲得し、ハイハイも日を追うごとに力強さを増し速度も速くなります。ハイハイは、背筋や腹筋、手足の筋肉や平衡感覚を育む身体全体の運動ですから、力強く歩行するためにはハイハイをしっかりとすることはとても大切です。ハイハイが安定してくるとたくさん動けるように空間を広く確保し、くぐったり、乗り越えたりする遊びを用意してあげるとよいでしょう。トンネルくぐりでは出口の所から大人が子どもの名前を呼んであげるなど、安心して遊べるような工夫も必要です。

つかまり立ちからひとり歩きへ

　ハイハイやお座りが安定すると、やがてつかまり立ちがはじまります。ハイハイでくぐった木製のトンネルに今度は外からつかまり、つたい歩きで移動し端までいくとうれしそうな表情で大人の方を見つめます。ひとり歩きができるようになると押し箱や引きおもちゃがよいでしょう。おもちゃを引き歩くことで、空間の認識やバランス感覚が育まれます。引きおもちゃは、子どもがうしろで音を感じながら歩くことができるように音のするものがよいでしょう。子どもの興味をひくユーモラスな動きの引きおもちゃは、大人が動かしてハイハイを促す時などにも使えます。

2）1歳以上3歳未満

自我の芽生えと遊びの広がり

　母子一体だった赤ちゃんの世界から自分という一人の存在として歩きだそうとするこの時期、子どもは行動範囲を広げ、自ら環境に関わろうとする意欲を一層高めていきます。歩行の獲得は、自分の意志で自分の体を動かすことができるようになることであり、子どもは「自分でしたい」という欲求を生活のあらゆる場面において発揮していきます。周りの環境に積極的に関わろうとしますので、体全体を使った遊びや様々な素材を意識した、保育者やお友達と言葉や物をやりとりする遊びなど、幅広い遊びの環境を用意することが必要です。

様々な全身運動

　この時期、例えばボールを使った遊びに子どもたちの発達の様子が見られます。1歳前後ではお座りの姿勢で、転がってきたボールを受けとるようになります。歩行が安定すると今度は立った姿勢からしゃがんでボールをとるようになり、それを相手に向かって投げようとします。やがて2歳を過ぎる頃には少しの間片足で立つことができボールを蹴ろうとするようにもなります。

　子どもたちは、階段の昇り降りやすべり台、低い段の上を歩いたりジャンプしたり、箱の中に入ったり、くるくる回ったり体全体を使って遊びます。

　歩行の安定のためには、土踏まずの形成を意識して足の裏で様々な感触を感じる踏む遊びや、少し重めの押し箱、床を蹴ってすすむ乗り物や、安全性を考慮したろくぼくなどもよいでしょう。

砂遊び・水遊び

　外での遊びで、この時期の子どもたちが多くの時間を過ごすのが砂場です。砂場ではない所でも、保護者の方が立ち話をしているちょっとした間にも、子どもはしゃが

んで砂を集めだします。水への興味が高まり、水道から流れ出る水に手をさしだしてじっとながめたり、指で水を止めて飛び散る様子を楽しんだり、砂や水が子どもたちをひきつけます。入れ物に入れたり、溢れさせたり、自在に変化する素材を存分に楽しむ姿は、子どもが自分の行動から周りの世界と自分自身を知ろうとしている姿です。また、自我が育つこの時期に、どろんこや水びたしになる遊びは、気持ちが解放されるといった側面もあります。保護者にも理解を得ながらたくさんの汚れた洗濯物を持ち帰らせてあげたい時期です。この時期は見立て遊びも始まりますから、砂場で作った物を食べ物に見立ててやりとりする姿もみられます。

ダイナミックに身体を動かす楽しさ

2歳頃になると、子どもは歩いたり、走ったり、跳んだり基本的な運動機能が伸び、自分の体を思うように動かすことができるようになり、その旺盛な動きはますます躍動的に生き生きと輝きを増します。嬉々とした表情で走る姿はエネルギーにあふれています。ボールを蹴ったり投げたり、もぐったり、段ボールなどの中に入るなど、様々な姿勢をとりながら

身体を使った遊びを繰り返し行います。ちょっと高い所に昇ってジャンプするなど、毎日が新しいことへのチャレンジで、2歳の子どもは小さな冒険者です。一方で今、子どもたちの歩く機会が減ってきて、下り坂を上手に歩けずに転んでしまう子どもも目につきますから、バランス感覚を育む遊びが重要です。

バランス感覚を育む遊び

この時期には、砂遊びや水遊びもますます大胆で楽しくなります。砂場に水を入れて、どろんこを作ってよろこぶ姿も見られます。お友達と一緒にバケツに入れた砂や水を運ぼうとするようにもなります。これはお互いに歩く速さを調整する必要があり難しいことですが、このよ

うな日常の姿からも、子どもたちが身体全体のバランスをとる力を育みつつあることが感じられます。一本橋渡りや大型積み木を使った飛び石遊びをはじめ、ジグザグの水線を描くとその上を調整しながら走りますし、フープを並べると身体全体の屈伸を使ってジャンプをしながら進みます。この時期バランス感覚を育む遊びを積極的に取り入れるとよいでしょう。

音や動きを楽しむ遊び

2歳は模倣全盛期で、リズム遊びでは動物の模倣もよろこんでするようになり、お友達と身体を動かすことを楽しみます。全身を使って表現することでイメージも広がり、そこからごっこ遊びや積み木遊びも豊かになります。音楽に合わせて両手を同時に動かすこともできるようになりますから、たたいたり、ふったりするときれいな音のでる楽器を用意してあげると、お友達とリズム遊びの輪が広がります。子どもたちのための楽器を選ぶときは、手に合う大きさと重さで音が美しく丈夫で、シロフォンなどは音程のしっかりした物を選ぶことが大切です。さらにこの時期は、音だけでなく音と動きを楽しむ玉転がしも子どもたちが大好きなおもちゃです。玉転がしは、音と動きで追視や手と目の協応など、幅広い力を育みます。予想通りに転がる玉転がしは、気持ちの安定にもつながります。

3）幼児期

感覚を育む遊び

子どもたちは、生活の中で身の回りの様々なものについて五感を通して感じることで、毎日新しい発見をしています。幼い子どもたちにとって、知ることは感じることです。乳児期にはおもちゃが奏でる音を聴くことで見る力も育まれるなど、一つの感覚を刺激することによって他の感覚の発達が促されましたが、幼児期にも、触覚、聴覚などの感覚遊びを意識して取り入れることで、いっそう感性が豊かに育まれます。「よく聞いて」は聴覚の感覚遊び、「フェイスタッチ」は触覚の感覚遊びですが、子どもたちは、音を聴いて「しゃかしゃかっていってる」、触って「ごわごわしてる」「ツルツルしている」など感覚を言葉で表現しようとします。なかには、「なつかしい音」「さびしい音」など詩的な表現もあり、感性の豊かさと言葉の育ちが感じられます。

聴覚の遊び

よく聞いて

触覚の遊び

フェイスタッチ　　　フィーリングボックス

数量や図形の感覚を育む遊び

　お散歩で拾ってきたどんぐりを並べたり、おやつの数や大きさを比べてみたり、子どもたちはふだんの生活の中で数や量、形に興味を示すようになります。保育室にも、年齢に応じたパズルやごっこ遊びに使えるはかりや時計、数のおもちゃを用意することで、子どもたちの数量や図形への感覚が育まれます。このように遊びを通して数や量を操作することは、数の合成や分解、抽出、1対1対応など数の理解につながります。

はかり　　　　　　　M時計　　　　　　　ソロバン

　ごっこ遊びでも、メニューを決めお金のやりとりをしたり、売り上げを数えたり、数に親しむ場面がでてきます。子どもたちは、日常の生活や積み木遊び、手や指を使う遊びなどで自然に数や図形に関する感覚を培っていますが、幼児期後半、図形を楽しむおもちゃを意識して取り入れると、ゲームのような感覚で遊ぶことができ、子どもたちの興味を広げます。図形のおもちゃには、パターンカードがついており、上下、左右、それぞれの視点を考えて立体を組み立てていきます。このように実際に立体を扱いながら遊ぶことで視点による見え方の違いに気づくことは、図形のみならずものごとの多面的な理解にもつながるでしょう。

シャドーブロック ミニ　　　　　シャドーブロック シャッティ

　幼児期前半までには、手指の操作性なども考慮しながらピース数を考えてパズルも用意するとよいでしょう。パネルパズルの、おおまかなピース数のめやすは、3歳

児で30ピース台、4歳児で40ピース台と、年齢かける10ピースくらいから始め、慣れると50ピース、60ピースと少しずつピース数を多くしてもよいでしょう。ただし、パズルは同じ年齢でも子どもの興味や集中力によって遊ぶピース数にかなり幅があります。やがて、お友達との協同遊びが発展してくる幼児期後半になると、子どもたちは自分たちで工夫して様々な構成遊びをするようになりますので、パズルはあまり必要なくなってくるでしょう。

　平面のパネルパズルのほかにも、2歳頃から一つの絵の下にもう一つ絵がある、2重パズルも楽しめます。結構難しいものですが、自動車の外観と車内の様子、海の上と下などパズルにストーリーがあるため、子どもは興味をもって遊びます。イメージしやすいようにできあがりの写真を上段・下段それぞれに撮ってラミネート加工などをしてパズルと一緒に設置しておくと遊びやすいでしょう。

　その他にも六面体パズルやカタミノなど難易度をあげていくことができるものなど、子どもたちの興味にそって多彩なパズルを取り入れていくとよいと思います。

Toys パズル

パネルパズル

33 ピース　　　　45 ピース

ジグソーパズル

49 ピース　　　　100 ピース

2重パズル

14 ピース　　22 ピース　　　38 ピース　　　　47 ピース

六面体パズル

オルナボ　　　アニマルパズル
25 ピース　　　25 ピース

木製ジグソー

D木のジグソー
ブレーメン
37 ピース

トリックパズル

どうぶつツリー
13 ピース

下のネズミを加えて全部が
上の三角におさまります。

　幼児クラスでは、この項でご紹介した遊びとおもちゃに加え、けん玉、お手玉・縄跳び・コマ・凧あげ・竹馬などの伝承遊びも、熱心に練習して取り組むようになります。

第 3 章

年齢別 遊び環境の構成

1 基本的な考え方

この章では、具体的な保育環境の構成について考えていきたいと思います。子どもたちがわくわくするような遊び空間とは、どのような環境なのでしょうか。実はそのヒントは『ドラえもん』に見つけることができます。アニメの『ドラえもん』で、のび太たちはいつも空き地の土管のところに集って遊んでいます。スネ夫はそこでよくラジコンカーを走らせますし、のび太たちより小さな子たちが敷物を敷いて家族ごっこをしている姿も描かれます。土管は家出したのび太の隠れ家にもなりました。おしゃべりをし、けんかをし、たまたま通りかかった子どもが遊びに加わるなど、空き地には子どもたちの様々な姿があります。のび太たちの住む町にはすべり台やブランコのある児童公園があるのですが、どうやら子どもたちにとっては、きちんと整備された公園より、雑草が生え無造作に物が転がる空き地の方が面白いようです。このように子どもにとって魅力的な遊び空間とは、遊び方が限定された空間ではなく、自分たちで遊びを作り出したくなるようなイメージが湧きあがる空間なのではないでしょうか。本章では、こうした考えに基づき子どもたちが主体的に関わりたくなる、好奇心をかきたてられるような遊びの環境を保育室にどのように作っていけばよいかを考えていきたいと思います。

第2章では、子どもたちの遊びについて、発達の道すじにそって考えました。私たち大人は、子どもたちの遊びを支援するために、このように遊びをある程度系統だてて考える必要があります。けれども、そもそも、ごっこ遊びや積み木遊びという概念は大人の側の論理で、子どもはごっこ遊びをしよう、積み木遊びをしようと思って遊

んでいるわけではありません。子どもたちの遊びには、積み木遊びの中にもごっこ遊びの要素があり、ごっこ遊びの中にも手指操作の遊びがあり、様々な遊びが融合しあって遊びの世界を作りあげています。しかもそれは常に変化していきます。

ですから、保育環境を考えるときも、きっちりとコーナーに分けて「この場所

はこの遊び」と保育者が決めるのではなく、部屋全体を見渡しながら、子どもたちの遊びが発展できるような道具と空間を柔軟に配置するという認識が必要です。

したがって、この章のねらいは、第2章での各遊びによる発達の道すじを念頭に置きながらも、保育室を区切るという

概念ではなく、保育室全体を子どもたちの遊びが発展する環境にするための具体的な方策を見つけだすことです。それは、お友達と一緒に遊ぶ子どもにとっても一人で自分の遊びに向き合う子どもにとっても、それぞれの遊びが保障される空間であり、子ども同士の遊びが融合し、発展していく空間です。子どもたちが保育室に一歩足を踏み入れたとき、思わずわくわくするような、帰るときには次の日の遊びを楽しみにできるような、そんな遊びの環境を作ることが目的です。そしてまた、保育室は大切な乳幼児期に長い時間を過ごす子どもたちにとって、安心してくつろげる空間であることも大切です。そのためには、例えば部屋の隅に子ども用のソファを置き柔らかい感触のものを用意するなどくつろぎのための配慮が欠かせません。また、くつろぎという観点からもいわゆる「壁面」といわれている色とりどりの画用紙による画一的な装飾は子どもたちにとって情報過多になる可能性があります。さりげなく季節の花を飾ったり、子どもたちの絵や造形を活かしたりするほうがよいでしょう。

それでは、クラス別に室内遊びの環境について具体的に考えてみましょう。章末に、各クラス別室内の遊び環境とおもちゃの例も掲載します。

_2 0歳児クラス 室内の遊び環境

0歳児クラスの保育環境では、食事・睡眠・調乳やおむつ交換台など、まず生活のための動線が大切です。一人一人の生活リズムを尊重しながら、1対1を意識した保育者の応答的な関わりに支えられ、安定した園生活を過ごせる環境があるからこそ子どもは安心して遊ぶことができます。

0歳児クラスの遊びのための環境を構成するときに配慮しなければならないのは、やはり月齢によって発達の差が大きいことです。それを踏まえながら、0歳児クラスの遊び環境構成のポイントについて考えてみましょう。

1）0歳児クラスの配慮点

❶ 発達に応じた粗大遊び

一人歩きを始める子どもがいる一方で、まだ座ることができない低月齢の子どもたちもいる乳児の保育室には低月齢の子どもたちの安全を十分に確保しながら、めざましく発達する、座る、はう、つかまり立ち、つたい歩きの子どもたちが十分にそれらの動きや姿勢を経験できるように配慮する必要があります。低月齢児のためにはサークルなども活用し安全に、一人歩きを始めた高月齢児のためには、なだらかな傾斜やトンネルなどで多様な運動を促す環境を整え、壁なども工夫して粗大遊びを用意します。

❷ 発達に応じた微細遊び

微細遊びも、手のひら全体で握って振ったり、引っ張ったり、打ち合わせたりする乳児期前半の子どもたちのためのおもちゃと、手指の操作性がもう少し発達するころの、指でつまんだり出したりを繰り返す遊びを、子どもたちの発達や人数に応じて用意します。乳児クラスでは、立ったりハイハイをしたりして動きたい子どもの動線を考えて、微細遊びが落ち着いてできるように、部屋の角などを利用して、対角線に2ヵ所以上の微細遊びの空間を用意するとよいでしょう。このように分けることで、子どもは保育者に見守られながら落ちついて遊ぶこと

ができます。この時期の子どもの手の動きは日毎に発達しますから、子どもの遊びの様子をていねいに観察し、食事での様子なども考慮した手指の操作性の見通しを持ちながら、一人一人の発達にそって適時おもちゃを入れかえていくことが必要です。

❸ 初歩的な構成遊び

1歳頃になると、子どもたちはベビーキューブなど乳児用の積み木を、積んだり並べたり、重ねカップを入れたり出したりして、初歩的な構成遊びにも興味を持ちます。子どもたちが自分の遊びに向き合えるように、おもちゃは一人ずつに適した量を用意します。たとえば積んでも崩れにくいネフスピールや出したり入れたりが楽しいリグノは、赤と青、緑と黄色などに、分けておくと一つのおもちゃで二人分の遊びとなります。

リグノ

❹ 初歩的なお世話遊び

ジルケのくまやうさぎなど、やわらかいお人形を寝かせたり、ミルクをあげたり、抱きしめたり、初歩的なお世話遊びもはじまります。お人形のベッドと布団、ミルク、お風呂など、簡単なお世話の道具をお人形の大きさに合わせて、お人形の数分を用意します。まだ言葉では表現できない子どもたちも、大人が言葉を添えることでイメージが豊かに育まれていきます。

❺ バランス感覚を育む遊び

フィルムケースで作った首飾りをつけたり、ウォーターアレイを持って歩いたり、年度の後半には歩行が安定するための遊びも用意します。

❻ 様々な素材で感覚を育む遊び

乳児クラスの子どもたちは、様々なものを手にとり、触り、なめたり振ったりして、探索を繰り広げます。手で触れるおもちゃでは木製や布製、プラスチック製など

様々な感触のものを用意し、床を使った遊びでも足で感じる硬いもの、やわらかいものなども意識してとりいれるとよいでしょう。特に、子どもたちの情緒の安定のために部屋の2ヵ所以上に柔らかい素材のものを置くことが、『保育環境評価スケール』[注①]でも推奨されています。

❼ 天井を使った環境

まだ寝ている時間が多い乳児期には、目覚めたときに見えることを意識して、天井から軽いモビールなどを吊るすとよいでしょう。色は明るくはっきりしたものが、視力が未熟な乳児の発達に適しています。睡眠スペースの天井には、シフォンなどの薄布をたらすと、やわらかく優しい雰囲気になり、子どもたちが安心できます。

注①『保育環境評価スケール〈2〉乳児版』(テルマ ハームス、デビィ クレア、リチャード・M. クリフォード著　法律文化社　2009)

3　1歳児クラス　室内の遊び環境

　1歳児クラスになると眠っている時間が減ることで、遊びの時間が増え充実してきます。このクラスの子どもたちは、歩行の安定、道具の使用、言葉の獲得など、発達の節目を迎える子どもたちです。遊びは、全身を動かす粗大運動がますます活発になりますので、0歳児クラスよりも粗大遊びの空間をゆったりとり、かつ発達に応じて整え、適時内容を変えていくことが重要です。微細遊びも、日々成長していきますので適時おもちゃを入れ替えていきます。お世話遊びや積み木遊びでも、自分の思いをもって遊ぶ姿が見られ、それらの遊びをていねいに支援していくことが大切です。この時期は、自我が芽生え自分のやりたいことを主張するようにもなりますから、お友達とおもちゃの取りあいになったり、言葉で表現できないこと

で、かみつきなどもあらわれる可能性がある時期です。個々の遊びが保障できるように環境を整えるとともに、保育者に見守られながら自分の好きな遊びを楽しむことや遊びを通してお友達との関係を育んでいくことで、このような行動も落ち着いてきます。やがて、お友達と一緒に遊びを共有する楽しさも感じるようになります。

　自分の遊びに向き合うとともに、保育者に受容され、お友達と楽しさを共有することで、子どもたちは１歳後半には気持ちを立て直す力を獲得していきます。大きな発達の節目を乗り越えようとする１歳児クラスの子どもたちにとって、遊びが重要な役割を果たします。それでは、１歳児の遊び環境の配慮点について考えてみましょう。

1）１歳児クラスの配慮点

❶ 初歩的な積み木遊び・ごっこ遊びをていねいに支援する

　この時期になると、子どもは手首の調整力もつき、積み木を自分の背の高さより高く積むことができるようになります。また、崩れた積み木を何度も積みなおそうとする姿も見られます。見立て遊びも始まりますので、お人形とオムツやオムツ台、おしりふきなど、お世話をする道具や子どもが自分でかけつけるリュックなどをていねいに用意すると、簡単な流れのあるお世話遊びも楽しむようになります。新しい活動が始まろうとするとき、それをていねいに支援することは、どのような活動にとっても大切なことです。この時期に積み木遊びやお世話遊びをていねいに育むことは、その後の遊びの基礎となるとともに、象徴機能の発達を助け、言葉の獲得にも大切な役割を果たします。

❷ 多彩になる手の動きに応じて、微細遊びをていねいに用意する

　１歳児クラスの子どもたちは、手指の動きがますます多彩になる時期です。１歳半頃には道具を使うようにもなります。このような多様な手指の発達に対応して、つまむ・ひねる・重ねる・型はめ・すくう等を主とした遊びや、道具を使うもの、さすもの、通すもの、ノブ付パズル等を主としたやや高度な手指の操作性を必要とする遊びも用意します。年度のはじめは０歳児クラスのように、微細遊びもポットン落としなどは床にすわって遊びますが、やが

て簡単なパズルなどができるようになると座卓のほうが遊びやすくなります。年度の後半には手先の巧緻性も高まるためひも通しなどでも遊ぶようになりますから、机と椅子がよいでしょう。お友達の持っているおもちゃが気になる時期でもありますから、同じおもちゃを色違いで複数用意することも必要です。

❸ 粗大遊びでは、歩行を安定させるため全身運動で脚力を育む

　この時期、子どもは歩けるようになることで、色々なものに自分から関わろうとする意欲をいっそう高めていきます。歩き始めの頃は、まだ不安定で手を使ってバランス

スを取る姿勢になりますが、やがて歩行が安定してくると、段差のあるところを登ったり降りたりして喜ぶようにもなります。安定した歩行を助けるために、粗大遊びの空間では、登る・降りる・引き歩く・乗り越える、押し箱など、土踏まずを形成し全身を使ってバランス感覚や脚力を育む遊びを用意します。

　また、帽子をかぶってバッグにお弁当を入れ、お人形をおんぶして、椅子をバスに見立ててピクニックにでかけるなど、つもりになってイメージして遊ぶ姿も見られます。おんぶしたり、物をもったりして歩く活動は、歩行のバランス感覚を育むことにも役に立つとともに、こうした見立て遊びは言葉の発達にも重要です。このような粗大的象徴機能の遊びは、1歳児らしい発達の姿ですから、うろうろしている子どもを座らせようとするのではなく、その子の遊びが保障できるように動線を保育室の中に工夫することが必要です。

④ 静のスペース

　粗大遊びが活発になる一方で、今長時間を園で過ごす子どもたちが増えている現状から、くつろぎのための空間もお部屋の中に考慮することが必要です。部屋の隅の落ち着く場所に、柔らかいクッションなどを配置し、子どもたちがゆったりできる場所を確保します。壁には鏡や子どもたちの写真、キーハウスなども配置して、子どもたちが静かに過ごせる工夫をするとよいでしょう。また、安全に充分配慮しながら大人から見える場所に子どもが一人ではいりこめるような空間もあるとよいでしょう。

_4　2歳児クラス　室内の遊び環境

　2歳は、生活においても遊びにおいても土台づくりとして重要な時期です。運動機能が伸び、外では活発に走り回るとともに、指先の機能も発達することで、生活の中でもできることが増えます。言葉やイメージの力もつきますからごっこ遊びも楽しめます。

　また、身体の発達に伴い、精神面でも自己主張が強くあらわれ、何でも自分でしようとするようになります。このように自我が広がる時期には、自分で遊びを選んで満足いくまで遊びこむことで自信や意欲につながります。机上を主とした遊びでは、手指の操作性も発達するため、スナップかけ、ボタンかけ、ファスナーなど、楽しみながら生活の力を育む遊びをとりいれます。それと同時に、積み木遊びやお世話遊びのスペースでは、お友達と楽しさを共有できるための工夫も必要です。こうした遊びを2歳の時期に十分体験することで、その後の幼児期の遊びが豊かに展開していきます。このような特徴を見せる2歳の遊び環境では、次のような配慮が必要です。

1）2歳児クラスの配慮点

① 発達に応じて
　　ごっこ遊びの環境を変えていく

　この時期のごっこ遊びは、お世話遊びから簡単な役割遊びへと発展してい

きますが、2歳児クラスの年度前半はまだ子ども同士の役割が明確でないことが多いので、スプーンなどの食器類などはその場を共有する子どもの数を考慮して複数セット置くなどの配慮があるとよいでしょう。食材の花はじきをレンゲですくってお人形に食べさせたり、自分も食べるふりをしたり、お世話遊びは手指操作の練習遊びともなります。2歳児クラスの後半では、再現遊びで、簡単なお店やさんごっこなどもはじまることで役割も登場し、子どもたち同士でやりとりがはじまります。お医者さんごっこもはじまりますから、お医者さん役の子どもに白衣を用意するなどシンボルを提供することで役割が明確になります。自我が育ち、何でも自分でしたい子どもたちですから、子どもが自分たちで遊べる環境を整えることで満足感が得られ自分への自信となります。

❷ 積み木は量だけでなく出し方・色・形にも配慮する

　3歳児以降の積み木は、シンプルな白木で数を多く使いますが、2歳児のクラスではつかんで持ちやすいように、それよりも基尺が大きいものが適しています。また、彩色のあるものの方がこの時期には子どもたちの興味をひきつけ、イメージもしやすいため遊びやすいでしょう。形は、初めは立方体などの四角を基本とした形から徐々に大きさや形のバリエー

ションを増やしていきます。色を揃えたり、きれいに並べたり、子どもたちの思い思いの積み木遊びが展開されます。一人一人の遊びが充実する頃、お友達との遊びの共有のために白木の積み木などを加えていきます。

③ 机上遊びでは壁にむけた
　テーブルも配置する

　2歳になると子どもたちは基本的な身体機能が整いしっかり座ることもできるので、机上の遊びを主とした空間では、ボタンかけやひも通しなど手指の操作が必要な遊びにも集中することができます。このように2歳は自分の遊びとじっくり向きあうことも大切ですから、4人がけのテーブルだけでなく、壁に向かって設置するテーブルもあるとよいと思います。ただし、その場合もお友達の遊ぶ様子が見られてその場を共有できるように壁に向かった2人がけにするとよいでしょう。

　机上を主とした遊びでは、棚におもちゃを置くときは、子どもたちが見やすいようにあまり間をつめずに置きます。また、おもちゃは、子どもたちの遊びの様子を見て適時入れかえていきます。ゲーム類は、簡単なルールで、勝敗のないものなら2歳後半から遊ぶことができます。

④ 粗大遊びや造形など、多彩な遊びのための空間を
　子どもたちの興味や発達に応じ設ける

　新聞をビリビリ破くことは、2歳の子どもたちが大好きな遊びで手だけでなく全身を使って嬉々として楽しみます。大胆ななぐり描きや段ボールの遊び、動物の模倣などのリズム遊びや身体を動かすわらべうたなど2歳を迎えた子どもたちの遊びはますます活発になります。これら多彩な遊びの空間として、バランス感覚を育む粗大遊びや、粘土やぬたくり遊びがいつでもできる造形遊びの空間なども、子どもたちの興味に応じて柔軟に設けるとよいでしょう。

5 幼児クラス 室内の遊び環境

　2歳のときに自分で遊びを選びじっくり遊び込んだ子どもたちは、幼児期にはいりいよいよ幅広く主体的な遊びを展開するようになります。3歳から6歳にかけて、遊びは平行遊びから連合遊び、そして、協同遊びへと発展していきます。したがって、幼児クラスでは、子ども同士の関わりによる遊びの発展を支援する視点が重要となります。一人で没頭する遊び、小人数のグループによる遊び、そして、クラス全体で展開される遊びのそれぞれを念頭におきながら、遊びの環境を作るにあたっての配慮点を考えていきたいと思います。

1) 幼児クラスの配慮点

❶ 積み木遊びの空間は動線を考慮して配置し継続して遊べるようにする

　積み木遊びは年間を通した大切な遊びです。集団の積み木遊びが展開されますので、ある程度広い空間の確保が必要となります。子どもたちがいつでも、そして、何日もかけて遊べるように、部屋の奥など通り道になりにくい場所にマットなどを敷いて積み木遊びの空間を常設します。そうすれば、「続きは明日」を保障することができ、遊びが継続して発展していきます。遊びのシンボルとして子どもたちが何日も置いておきたいものと、日々形を変えていくものが必要ですから、積み木遊びの項で述べたように積み木は十分な量が必要です。

❷ 調理台、多目的ついたてなどを使った空間

　ごっこ遊びは、実体験や絵本の世界があいまって保育の中で幅広く展開されますので、多目的ついたてなど柔軟に変化できるものがあると遊びが広がります。お人形は数体用意し、それぞれに名前をつけて人形用の椅子やベッドなどで居場所も決めます。このように人形をていねいに扱うことは、お互いの人格や人間性を認めることにつながります。また、食材は、お

手玉やフェルト、花はじき、布や毛糸、ビーズなども工夫して使いますが、それらは色や形ごとに整理して置くと、子どもたちのイメージが広がりやすいでしょう。子どもは色を揃えたり、並べたりすることを好みますから、片付けも楽しみながらする姿が見られます。

❸ 製作のための空間を常設する

　子どもが「こんな道具が作りたい！」と思ったときにいつでも製作ができるように、道具や素材を用意し、常設の空間を整えておくことで子どもが創意工夫しようとする意欲を育みます。素材には、折り紙や画用紙などの他、毛糸やまつぼっくりなどの自然素材、木工材料などを季節感や遊びのテーマにそって整えます。子どもたちが使いやすいように、棚は常に乱雑にならないようにわかりやすく整理しておきます。

❹ 机上遊びを主とした空間

　机上の遊びは、構成遊びのおもちゃやゲーム、パズル類です。これらは床で遊ぶのではなくテーブルと椅子に座ることで、子どもたちが無理な姿勢をとることなく、集中して遊びこむことができます。採光と子どもたちの動線を考慮しながら、おもちゃを置く棚とテーブル・椅子を配置します。子どもたちが自分で遊びを選び、自分で片付けられるように配慮します。パターン表があるものやパズルのできあがりの図柄もラミネート加工などをして、おもちゃと一緒に置くと遊びやすくなります。おもちゃは、子どもたちの遊びの様子や興味にそって適時入れ替えます。また、異年齢児クラスの場合は、年齢の比率にしたがって机上遊びのおもちゃを選んで置きます。

❺ 科学的な興味や好奇心を育む空間

　子どもたちは、園庭や園外で身近な動植物に接することで、まわりの環境に興味を持ちます。保育室に、子どもたちが動植物をじっくり観察したり、調べたりするための空間をもうけることは、そう

した好奇心の芽を育むことになり、子どもたち自身の発見の機会となります。幼虫がさなぎになって羽化する様子を観察したり、メダカやザリガニが卵を産んだり、子どもたちにとって、身近な生き物を育てることは、生命の営みや不思議さを体験する重要な機会です。

❻ 絵本やくつろぎのための空間

　園は子どもたちにとって心安らぐ落ち着ける場所であることも大切です。躍動的なごっこ遊びが繰り広げられている保育室の中にも、子どもたちが、遊びからはなれてぼんやりできる空間を確保することが必要です。子どもが自分で手にとって楽しめる絵本や柔らかい素材のクッションやソファなどを置いたり、天井から薄布をたらしたりして、くつろげる空間を工夫します。このような空間を確保することで、子どもたちの活動にメリハリがつき、遊びも充実します。

❼ その他、大人の視線を感じないでいられる空間など

　ごっこ遊びによっては、お菓子の家やお城、忍者の砦や大きな帆船など、子どもたち自身がはいりこめる場所がお部屋の中に出現します。そんなとき、それらの空間は子どもたちだけの世界となります。こうした空間は、保育者は上から見ることができ安全は確保されていても、子どもたちには大人の視線を感じないでいられる場所となっていて、子どもにとっての秘密基地のような役割を果たしています。こうした場所を遊びの流れの中で意識して作っていくことで、子どもたちの想像力は広がり、子どもたち同士の連帯感も高まります。

6 室内の遊び環境を整えるために

　それでは、このような遊び環境を整えるための留意点についてまとめてみましょう。子どもたちの遊びが主体的に展開されていると感じられるクラスには、次のような共通の特徴があげられます。

・全体にゆったりと落ち着いている。
・子どもたちが生き生きと遊んでいる。
・子どもたちは状況判断ができ、聞く態度を身につけている。
・おもちゃの選び方や置き方など、発達に応じた遊びの環境が整っている。
・保育者が子どもに遊びのモデルを示し、一緒に遊んでいる。
・保育者の指示命令が少ない。大きな声をださない。
・子どもが、大人の都合で待たされる時間が少ない。
・子どもが休息するための空間が工夫されている。
・子どもの遊びに関係のない過剰な装飾はなく、明るいけれども落ち着いた雰囲気になっている。
・5領域を留意して、バランスよく遊びの環境が整えられている。

　こうしたクラスでは、子どもたちだけでなく総じて保育者も穏やかで落ち着いた表情です。子どもが生活の大半を過ごす保育室では、子どもも保育者も落ち着いて過ごせる環境が大切です。安心できるからこそ、自分を表現できお友達との主体的な遊びも展開されます。

　さて、このようにくつろげる雰囲気で、かつ、子どもたちの遊びが豊かに発展するような環境を現在の保育室に作ろうと思っても、具体的にどこから手をつけてよいかわからないといったこともあるのではないでしょうか。人数やスペースなど、実現に際して様々な問題に直面することと思います。そこで、少しずつでも遊びの環境を整えるために、どんなことに心がければよいのか考えてみましょう。

1) 自分の園のよいところを再認識する

　保育環境をより良いものにしようと、実際に園見学や保育研修に参加すると、保育環境についての意識を高めることができますが、同時に1クラスの人数が多い、おもちゃがない、時間がない、保育室と別にランチルームがなく毎日机の移動が大変など、自分の園の不利な点が目についてしまう場合もあります。けれども、今ある環境から創造的に工夫することが大切ですから、あらためて自分の園の良い点に目をむけてみるとよいと思います。周りの自然が豊か、退職する保育者が少なく保育者同士の連携が良いなど、今まで意識していなかった点に気づくことができるのではないでしょうか。保育環境を整えるためには、自然が豊かな環境なのであればその豊かな自然を保育により生かす方法を考え、保育者同士の連携のよい園なのであればお互いに遊びのポケットを増やして共有する機会をもつなど、その園の良いところをより良くすることから始めるとよいと思います。また、子どもの遊びに関係のない大人の書類や、今は使っていないおもちゃなどを思い切って保育室から取りのぞいてみるだけでも環境はかなり変わります。

2) 園内研修の充実

　園内研修は定期的に継続してできるので、園の先生同士で子どもの育ちを共有するために大切です。そのためには、例えば要領・指針の活用も積極的に取り入れるとよいでしょう。子どもたちの発達にそってどんな力をどんな風に育てていけばよいのか、それが明文化されているのが幼稚園教育要領、保育所保育指針、幼保連携型こども園教育保育要領です。学校を卒業して現場に出ると日々の忙しさに追われて、これらをあらためて手に取ることは意外と少ないかも知れません。しかし、実際に子どもたちと過ごすようになって読み返してみると、その内容が実感でき日々の保育にとても参考になります。要領・指針をふまえながら、保育をふりかえり、事

例検討をしたり、意見交換をしたりすることは、保育の質の向上につながります。継続的に子どもたちの情報を共有することで、子どもの育ちを共に喜びあえることは園内研修だからできることです。子どもたちの育ちをこまめに共有することで、保護者にもよりていねいに様々な機会で子どもの成長の姿を伝えることが可能となります。このようなコミュニケーションを通して子どもが育ち、親の養育力が向上することで親も育つ園であることが、保育園、幼稚園、こども園には求められています。

3）好奇心を持って学び、幅広い視点を持つ

　保育に携わる先生方は、前項のように園内での研修や保育研究だけでなく、外部の研修にも幅広く参加され、日々研鑽を積まれていることと思います。また、同じ園の保育者同士、その実践から学びあうことも多いでしょう。

　そのような機会に加え、自主的におもちゃについても好奇心を持って学んでみられるとよいと思います。保育環境としてのおもちゃにも様々な考え方や理論がありますから、実際に色々なおもちゃを触り、それに関する書物や研修会などを通して広く学ぼうとする姿勢から、子どもの発達やおもちゃに対する認識も深まることと思います。

　例えば、基尺のあった積み木はフレーベルの考え方に基づいたものですし、モンテッソーリにはシリンダーに代表されるような子どもが思わず手にとって遊ぶうちに発見していくものがあります。ウォルドルフ人形に代表されるシュタイナーの手仕事のぬくもりが感じられるおもちゃも魅力的です。そして、これらのおもちゃは、おもちゃがあるだけではなく、発達の理解、時間や空間、周りの大人や友達などの人的環境があって遊びが展開されて、よりいっそう意義を持つものです。保育環境としての遊びについて考えるとき、私たちは、遊びを通して子どもたちの発達を保障しようとした先人に学びながら幅広い視点を持ち、目の前の子どもたちの遊びをていねいに支援していくことが必要です。

4）日々の生活や遊びを大切にした、行事のとりくみ

　幼児の主体的なごっこ遊びが発展していくときに、行事でその遊びが停滞したりおわってしまうという悩みを保育者の方からうかがうことがよくあります。本来、子ど

もたちのための行事であるはずが、それでは本末転倒になってしまいます。運動会や生活発表会などの行事は、子どもたちが日々の生活や遊びの中で成長した喜びを感じ、自信を深める機会になることが大切です。保育者が日頃から見通しをもって遊びを支援し、その自然な成長の姿を子どもたちが表現できるような、子どもたちの主体性が発揮できる行事のあり方を園内で共有していくことが望まれます。

5) 保育者は最も大切な保育環境

　遊びの環境を整えるためのおもちゃなどの道具は、これまで園で使っていたおもちゃを利用したり、手作りしたりするなど柔軟に考えながら少しずつ整えていけばよいと思います。子どもが遊ぶための道具はもちろん大切ですが、遊びの環境で最も大切なことは、人的環境である保育者の役割です。

　現在の、「幼稚園教育要領」「保育所保育指針」「幼保連携型こども園教育要領」では、子どもの自主性や自発性を重視することが、大きな特徴としてあげられます。とりわけ遊びについては、子どもが主体的に関わる遊びを支援することの重要性が繰り返し述べられており、保育者が一方的に指導することは、かえって子どもの自主性を損なうことだとされています。このような保育観・教育観に基づいて考えると、保育者の専門性がこれまで以上に求められることが実感されます。それは、子どもの個々の育ちへのよりていねいな発達の理解と支援が求められるからです。

　そのために保育者は、保育や幼児教育の専門家として、子どもの発達の道すじを捉えて遊びの環境を整え、一人一人の子どもがどんな遊びに興味を持ち、どのように遊んだかをていねいに観察することが必要です。その上で、個々の課題があれば具体的に支援し、さらに、次の育ちに向けて見通しをもって遊びの環境を整えていかなければなりません。そこには常に個々の子どもにとっての最善が求められます。子どもから学び発見し、それをまた保育に生かしていこうとする姿勢が大切です。

　このような専門性を備えた保育者に見守られることで、子どもは安心して自分に自信をもち、遊びや生活への意欲を育んでいきます。そして、保育者は日々の小さな成長を保護者にもていねいに伝え、喜びを共有することで、保護者もまた子育てへの自信と喜びを見出すことができるでしょう。

　このように保育者が担う役割は、子どもの健やかな育ちにとって大変重要です。保育者の一人一人の子どもの成長を見つめるあたたかな眼差しに支えられることで、子どもたちは自己を発揮し、主体的に生きる力を育んでいきます。「子どもが現在を最もよく生き、望ましい未来を作り出す力の基礎を培うために」[注①]環境を通して行う保育の意義がここにあります。

注① 保 保育所保育指針　第１章　総則１保育の目標

0 year
0歳児クラスのおもちゃ

はじめての おもちゃ

生後2〜3ヵ月頃になると、子どもは音のする方をじっと見つめます。そして4〜5ヵ月頃になると、自分から手をのばして、目の前の物をつかもうとするようになります。見て、きいて、さわって、なめて、このような認知によって、運動面や対人面が発達します。

\ みる /
- メリーゴーランド
- モビール ZOO

\ きく /
- オルゴール

\ ぬいぐるみ /
- ジルケくま・うさぎ

\ 音をたのしむ /
- ジョイ
- 丸スズ

\ さわる /

ベビートレーナー

\ にぎる /

リングリィリング　ニキ　ティキ　ドリオ

| 粗大遊び | 座る、はう、立つ、つたい歩きをへて、一人歩きに至るそれぞれの過程で、その時々の動きを十分に経験することが大切です。引きおもちゃやくるまなど、動くおもちゃが子どもの好奇心を引き出し、自然に運動を促します。 |

つかまり立ち

自由自在ベンチ

くるま

PKW　　ミニバス

木製トンネル

引きおもちゃ

カラームカデ　　あひるの家族

| 探索遊び | お座りができ、自由に手が使えるようになることで、子どもたちの探索遊びが活発になります。出したり、入れたり、並べたり、重ねたり、様々な遊びが繰り広げられます。 |

はじめての積み木

ベビーキューブ

重ねる　入れる

タワー　　ミニ箱積み木　　チェーンMIX

ひねる

ジュバ

色々な手の動き

デュシマピラミッド

1 year
1歳児クラスのおもちゃ

微細遊び 　歩行が安定することで、自由に手が使えるようになり、その機能も発達します。つまむ、めくる、ひっぱる、道具を使うなどの操作を何度も繰り返して遊びます。

型はめ

フォームス　　　ディスクキューブ　　　Mポストボックス　　　ノブ付きパズル

手と目の協応

シグナ　　　ストレートドミノ　　　リンキングループ　　　ニックスロープ

開けたり　閉めたり

ノックアウトボール　　Jハンマートイ　　　キー・ハウス

| 初歩的な構成遊び | 手首を調整しながら積み木を積もうとするようになります。自我が芽生える一方で、少しずつ気持ちを立て直すこともできるようになる発達の姿は、積み木遊びの中にもあらわれ、崩れた積み木を、また積み直そうとする姿が見られます。 |

積み木

リグノ

ネフスピール

ベビー積木

| 初歩的なお世話遊び | 頭の中でイメージして、実際に目の前にない場面や物を何かに見立て、再現して遊ぶようになります。この様な象徴機能の発達を支援することで、言葉も豊かに育まれます。 |

ジルケ人形

| 粗大遊び | 歩行の開始は、この時期の発達の大きな特徴です。すべり台・引きおもちゃ・押しおもちゃで、バランスや脚力を育むことが、歩行の安定につながります。 |

ベビーウォーカー マルチ

木製すべり台

2 year 2歳児クラスのおもちゃ

机上遊び　指先の機能が発達し、食事や着替えなど、自分のことを自分でしようとする意欲がでてきます。巧緻性や手と目の協応などを育む、多彩な遊びが、子どもたちの自我の育ちを応援します。

\ 操作・練習 /

ミックスビーズ　　プラステン　　ロンディ45　　ステッキ遊び5×5

アキシモ　　ひも通しポニー　　はめ絵　　マグネフ

マグネットセット　　シロフォン付玉の塔　　プリズモ

| ルールのある遊び | まだ勝敗はなく、ルールや順番を守ることが主な遊びのテーマとなります。(2歳後半) |

パズル

キューブパズル

ステップパズル　　動物パズル

ゲーム

テンポかたつむり　　テディメモリー

| 構成遊び | 基尺が大きく積みやすい積み木が、2歳の子どもの積み木への興味を育みます。 |

積み木

ジーナボーン　　　　　　　　　　M積木

| ごっこ遊び | つもりになって、ふりを楽しみ、簡単なごっこ遊びをするようになります。その様な遊びを通して言葉のやりとりを楽しみます。 |

レンジつき流し台　キンダーサービス　ジルケ人形（大）　レッドカー

| 粗大遊び | 基本的な運動機能が伸びるこの時期、バランス感覚を育む遊びをとりいれます。 |

ウィリーバグ　ビリボ

3 year
3歳児クラスのおもちゃ

構成遊び

机上遊び

生活の中でできる事が増える時期です。集中して遊び込む体験が、子どもの主体性を育みます。

プリズモコマ

ひも通しホワイトボード

リモーザ

小さな大工さん

パズル

この時期のパネルパズルは、30〜40ピース位からはじめます。
2重パズルにも興味をもって遊びます。

2重パズル

パネルパズル　33ピース　45ピース

ゲーム

お友達との遊びを通して、少しずつ決まりを守ることがわかるようになります。

キーナーメモリー
クイップス

感覚遊び

感覚を育む遊びは、注意力や観察力、言葉を育みます。

フェイスタッチ

積み木遊び

積む・並べるなど空間を意識して自分の作りたいものを作ります。お友達と協力して作るようになるので、積み木の数が多くなります。

基本の積み木

園用ウール・レンガ積木セット　　ベーシック　　補充用

その他の積み木

汽車セット　　車セット　　ZOOへ行こう

ごっこ遊び

様々な道具を手にして、イメージを広げながらごっこ遊びを楽しみます。身の回りの大人の行動や会話をごっこ遊びを通して再現することで、身近な人や物への理解を深めていきます。

人形ミニマフィン　　お医者さんセット　　人形用ベッド　　ベビーカー

4 year
4歳児クラスのおもちゃ

机上遊び

\ 構成遊び /

手指が器用になり、「～しながら～する」ことができるようになります。想像力が広がり、ビーズや構成遊びで、思い思いの表現を楽しみます。

ラキュー

ゴムパターン遊び

デュシマビーズ

モザイクブロック

ジーナブロック

\ パズル /

パターン表を見ながら揃え、ビーズ数が多いパズルにも取り組むようになります。一人で集中する姿や、お友達と協力して完成させようとする姿がみられます。

2重パズル

アニマルパズル

\ ゲーム /

ロッティカロッティ

りんごゲーム

\ 感覚遊び /

よく聞いて

にわとりの追いかけっこ

クラウン

構成遊び

お友達と協力して、高く積もうとするなど、役割を分担して遊ぶ様になります。基本のウール・レンガ積み木にカーブやジグザグ、カラーを加えることで表現の幅が広がります。

基本の積み木①

園用ウール・レンガ積木セット　　カーブ積木

ジグザグ積木　　カラー積木　　半球積木

基本の積み木②

薄くて軽いカプラは、レンガ積みで高く積み上げることができます。

カプラ

その他の積み木

美しい積み木は、創造性を育みます。

キュービックス　　キーナーモザイク

ごっこ遊び

様々な道具を手にして、イメージを広げながらごっこ遊びを楽しみます。身の回りの大人の行動や会話をごっこ遊びを通して再現することで、身近な人や物への理解を深めていきます。

ジルケ人形　　人形ミニマフィン　　電話　　人形用ベッド　　ドレッサー

レンジ台　　ヘアードレッサーセット　　洋服ダンス　　キンダーサービス　　調理台つき流し台

5 year 5歳児クラスのおもちゃ

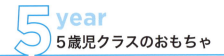

机上遊び

構成遊び

手先の巧緻性が高まり、手指の機能は生活の中に一層生かされるようになります。遊びでも、構成遊びなどで、自分のイメージを創造的に表現しようとします。

織り機イネス

ラキュー

3Dジオフィクス

ゲーム

思考力が深まり、余裕をもってゲームを楽しむことができるので、ゲームの幅が広がります。

サウンドクアルテット　　フィグリクス　　マイティーMAX

パズル

アクロバットタワー　　帽子とりゲーム　　タスタス　　オルナボ

感覚遊び

フィーリングボックス

数や図形

シャドーブロック ミニ

ソロバン

はかり

構成遊び

お友達と役割を分担して、ダイナミックな共同の積み木遊びが展開されます。基本のウール・レンガ積み木にはジュエル積み木やLUMI積み木、カプラにはカラーを加えることで、イメージが広がります。さらに自分たちで工夫して、布、画用紙やネフなどの特徴ある積み木も加え、創造的に表現しようとします。見通しを持ち、予測をたてることができることから、玉転がしのコースを自分たちで考えて作ることも楽しみます。

様々な積み木

園用ウール・レンガ積木セット

ジュエル積木

Lumiレンガ積木

カプラ

スカリーノ

cuboroスタンダード

ごっこ遊び

ごっこ遊びは組織的になり、手の込んだ流れと役割が現れます。ついたてなどシンプルな家具が子どもの様々な表現に応えます。お友達と満足いくまで想像の世界で遊び、集団の遊びを通して、一人一人の個性が発揮されます。

レジスター

ジョイントついたて

ついたて

0 year
0歳児クラスの空間づくり

- 1対1の関わりを大切にして、応答的に見守ります。
- 家庭での生活もふまえながら、一人一人の生活リズムで安定、安心して過ごせるようにします。
- おもちゃは、色・音・形・大きさなどを一人一人の発達をふまえて適切に入れ替えていき、子どもたちが自由に探索意欲を満たして遊べるようにします。
- 微細遊びと粗大遊びは、発達の違いをふまえて、遊びの内容を考慮します。
- 発達の個人差、月齢差に十分配慮して、暦年齢にとらわれず、発達の連続性を大切にします。

わらべうた

笑顔で視線を交わしながら人の声の心地よさを感じ楽しさを共有します。

食事

1対1で視線を合わせ、一つ一つの行為を言葉にして伝えながら笑顔で見守り落ち着いて食事をします。

ゆったりとした気持ちで子どもを抱き、目を合わせ優しく言葉をかけながら授乳をします。

0歳児　15名の例

睡眠
沐浴 排泄

睡 眠

安心して眠れるように、いつも同じ場所で、よりそいながら子どもの様子を見守ります。

微細遊び

にぎる・つまむ・ひっぱる・いれるなど、発達に応じて適宜入れ替えていきます。一人一人の遊びが保障できるように色や数を考慮します。

絵本

おひざで好きな絵本を読んでもらうことで、安心し信頼関係が育まれます。

おもちゃ棚

一人一人の発達を考慮しておもちゃを選び、衛生面に十分配慮して、発達にそって適宜入れ替えていきます。

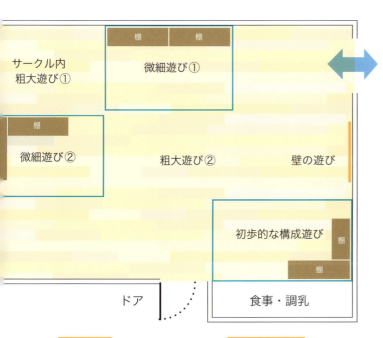

壁の遊び

探索意欲を発揮し立位で手指を使って遊びます。

排泄

優しく言葉をかけながら、清潔になる心地よさを感じられるようにします。

粗大遊び

一人一人の発達に応じて、はう、立つ、歩くなどの運動を安全に配慮しながら十分にできるようにします。

戸外

季節を感じながら、1対1で戸外を散歩することで身体機能とともに五感を豊かに育みます。

1 year
1歳児クラスの空間づくり

- 子どもが自分でしたい気持ちを大切にし、言葉を添えて援助しながら、子どもの意欲を育みます。
- 子どもが自分の好きな遊びを選んで、落ち着いて遊べる環境に配慮します。
- できないところは、手を添えるなどして、子どもが自分でできるように援助します。
- 粗大遊び、微細遊びとともに、初歩的な積み木遊びや、お世話遊びをていねいに支援します。
- 柔らかなクッションなどを活用したくつろぎの空間も配慮します。

わらべうた

季節や子どもの興味にあわせたわらべうたを聞いたり一緒に歌ったりします。

食事

いつも決まった場所で、保育者1人が2〜3人を介助します。笑顔で見守り楽しい雰囲気で食事をします。

自分でスプーンを持って食べられるように、優しく言葉をかけながら援助をします。

睡眠

笑顔で「おやすみなさい」と声をかけ安心して眠れるよう見守ります。

着脱

子どもが自分でできるところを尊重しながら支援します。

微細遊び

道具を使ったり、パズルや型はめをしたり、手指の動きが多彩になります。自分で好きな遊び、興味のある遊びを選びます。

絵本

身近な大人と楽しみを共有する喜びを感じ、周囲の物への興味や愛着を深めます。

積み木

重ね、並べ、色をそろえたり、形をそろえたり、思いをもって遊びます。

おもちゃ棚

おもちゃは、一人一人の発達を考慮して棚に並べ子どもが自由に遊べるようにします。

お世話遊び

一人一人に道具を用意すると、再現遊びをお友達と一緒に楽しみます。

粗大遊び

全身を使って柔軟に身体を動かしながら運動機能を高めます。歩行の安定から投げる、走るなど動きが活発になります。

くつろぎの空間

やわらかいクッションや一人で過ごせる場所を用意しています。

散歩

園庭で、虫を見たりや植物に触れたり砂場で遊んだり、自然と十分にふれあいます。

2 year
2歳児クラスの空間づくり

- 自分で好きな遊びを選び、その遊びに集中できるように支援します。
- お世話遊びとともに、初歩的な役割遊びの環境も用意します。
- お友達とのぶつかり合いが生じたときは、保育者が気持ちを代弁しながら、支援します。
- 少しずつお友達との遊びが共有できるように、2人から少人数で遊びやすい環境も意識します。

わらべうた

お友達と一緒に歌い楽しさを共有します。

食事

「いただきます」から「ごちそうさま」まで自分でできるようになります。

スプーンの三点持ちができるようになります。左手はお皿に添えて食べられるように言葉をかけます。

睡眠

生活の流れがわかり、見守られながら安定した日課で眠ります。

お世話遊び

見立てたり、つもりになって、お人形のお世話をしたり、お店やさんになったりします。

自分で好きな遊び、興味ある遊びを選びます。4人がけの他に壁に向かったテーブルも配置すると自分の遊びに向き合えます。

絵本

ソファでゆったりと好きな絵本を見ています。絵本を通して言葉に関する感性を豊かに育みます。

外遊び

三輪車に乗ったり、ボールを投げたり、活発に身体を動かします。

造形

ぬたくり遊び、粘土、スタンピングなど、自由に造形活動を楽しみます。

積み木遊び

高く積み上げたり、横に並べたり、自分の遊びに集中し、徐々にお友達ともイメージを共有して遊びが広がります。

操作練習遊び

パズルやボタンかけ、ビーズ通しなど、手先を使って遊びながら、生活の中でできることが増えていきます。

345 year 幼児クラスの空間づくり

- 保育室をコーナーで区切るという感覚ではなく、保育室全体で主体的な遊びが広がるように柔軟に環境を構成します。
- 異年齢混合クラスの場合は、机上で遊ぶ構成遊びやゲームは、子どもの人数を考慮して発達に適したおもちゃを棚に置きます。
- 必要に応じて、保育者は子どもの主体性を尊重しながら遊びが発展するよう支援します。
- 保育室の棚には書類など子どもの遊びに関係しないものは置かず、すっきりと整理します。
- 遊びの必要に応じて、壁や天井なども活用して環境を構成します。

くつろぎの空間

ソファや柔らかいクッション、絵本などを置いたくつろぎのための空間。

その他の空間

子どもの遊びのテーマに応じて柔軟に環境を構成します。

科学的な興味を育む空間

昆虫や植物など、身近な生き物の飼育をはじめ観察、調査のための空間。

机上の遊び　構成遊び

机上で遊ぶ構成遊びです。遊びやすいように、かごにいれ棚に置きます。

机上の遊び　ゲーム

ゲームは保育者がルールを理解してから棚に置きます。ルールブックは別に保管しておきます。

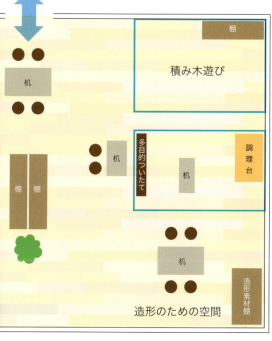

お店やさん等

多目的ついたてを活用してテーマにそった環境を構成します。調理台は必要に応じて使います。

積み木

お城や、ジャングルなど共同の積み木と、日々変化する個々の積み木遊びを保障します。

造形のための空間

子どもが作りたいと思ったときにいつでも作れるように十分な素材と道具を用意します。

012歳児クラスの遊びの姿

初歩的なお世話遊び

模倣する遊び

まわりの大人の様子を模倣するようになります。応答的な関わりから、しぐさでやりとりする遊びがはじまります。

抱きしめる

ミルクをあげる

寝かせる

見立てる遊び

見立て遊びがはじまります。模倣ができるようになり、身近な生活を再現して遊ぶ姿が見られます。少しずつお友達とテーマを共有するようになります。

お風呂に入れる

料理

着替え

世話する遊び

お世話遊びやお料理など、簡単なごっこ遊びがはじまります。お母さんのつもり、先生のつもりになって遊び、言葉のやりとりを楽しみます。

美容院

お医者さん

おすしやさん

初歩的な積み木遊び

さわっていじって

手に持ったおもちゃを打ち合わせたり、ぎゅっとくっつけようとしたり、いじって遊びます。

にぎる、打ち合わせる

積む

重ねカップ

並べたり積んだり

積み木を、横に並べたり積んだりして遊ぶようになります。

高く積む

横に並べる

向きをそろえる

できた形を見立てる

並べたり、重ねたりを組み合わせて思い思いに遊び、できた形を何かに見立てます。積み木を通してお友達と遊びを共有します。

積み方を工夫して高く積む

色を意識する

イメージを共有する

幼児クラスの遊びの姿

「めっきらもっきらどおんどん」の世界

『めっきらもっきらどおんどん』（福音館書店）

神社へ

クラスに神社を再現

神社の祭りを再現

「かいじゅうたちのいるところ」の世界

ジャングルの樹をつくる

マックスのテントで暮らす

骨付き肉が食べられる店が開店

幼児クラスの遊びの姿

「三びきのこぶた」の世界

『三びきのこぶた』(福音館書店)

れんがの家をつくる

わらの家をつくる

木の家をつくる

りんごの収穫

おおかみスープのお店

家づくりから、
設計・木工への興味

「まゆとかっぱ」(福音館書店)

「まゆとかっぱ」の世界

おすもう

ミドリマル

デッカマル

かっぱの薬草づくり

きゅうりを育てる

かっぱずし

かっぱの子どもを育てる

あとがき

　本書を、最後までお読みくださってありがとうございます。この本で私がお伝えしたかったことは、幼い子どもたちにとって、主体的な遊びが健やかな発達のためにどれほど大切かということです。芽吹いたばかりの新緑が生き生きと美しいように、遊んでいるときの子どもたちの表情もまた、生き生きと輝いています。それはまさに、伸びようとする生命の輝きといえるでしょう。

　子ども時代には、大人とは違う子どもの時間が流れています。夢中になって遊びこむ時間は濃厚です。ごっこ遊びで繰り広げられる冒険や魔法の世界で、子どもたちのこころは自在に時空を越え、遊びに没頭する時間は子どもたちに深い満足感と連帯感の喜びを与えてくれます。

　本書の第1章にご紹介した、ミルンの『クマのプーさん』から続編『プー横丁にたった家』のラストシーンを引用します。これは、主人公の少年クリストファー・ロビンが小学校に行くため、もうプーや森の仲間たちと遊べなくなるので、幼い日を過ごした想像の森にクマのプーと最後にでかける場面です。

　　「さァ、いこう。」
　　「どこへ？」
　　「どこでもいいよ。」と、クリストファー・ロビンはいいました。
　　そこで、ふたりは出かけました、ふたりのいったさきがどこであろうと、
　　またその途中にどんなことがおころうと、あの森の魔法の場所には、ひと
　　りの少年とその子のクマが、いつもあそんでいることでしょう。

　クリストファー・ロビンが成長しやがて大人になっても、クマのプーや仲間たちと過ごした森の記憶は消えることはありません。クリストファー・ロビンとプーのように、幼い日に仲間と遊びこんだかけがえのない時間は、その子を生涯支え続けてくれることでしょう。

　本書は、遊びを通して子どもたちの発達を支援するために私たちにできることと、その可能性について考察したものですが、遊びは子どもの数だけありますから実践のひとつの例としてとらえていただけましたら幸いです。そして、本書が皆様の保育や子育てのささやかな一助となりましたらとてもうれしく思います。

　本書に掲載した写真は、日野の森こども園の遊びの記録です。社会福祉法人任天会の上岡ひとみ理事長先生はじめ皆様、日野の森こども園の子どもたちと先生、そして写真の掲載を許可いただいた保護者の皆様に、心より感謝を申し上げます。

本書は2011年に初版『保育とおもちゃ』が出版されてからこれまで多くの方々のご支持を得て、この度改訂することができました。初版以来、お世話になったすべての皆様にあらためてお礼申し上げます。

2018年　春　　瀧　薫

【著者紹介】

瀧　薫（たき　かおる）

大阪芸術大学短期大学部　教授
社会福祉法人子どものアトリエ　理事長

大阪府出身。兵庫教育大学大学院修士課程修了。
幼稚園、保育所、認定こども園勤務を経て、2018年に社会福祉法人 子どものアトリエを設立、城東よつばこども園（大阪）・春日よつば保育園（奈良）を運営。子どもの発達と保育の専門性をテーマに、全国の保育士会や幼稚園・認定こども園協会などで講演。各地のキャリアアップ研修では乳児保育、幼児教育を担当。著書に『新版 保育と絵本』があるほか、隔月刊誌『園と家庭をむすぶ　げ・ん・き』などで連載中。

新版 **保育とおもちゃ**〜発達の道すじにそったおもちゃの選び方

2018年6月15日　第1版　第1刷 発行
2024年2月15日　第1版　第6刷 発行

　　　著　者　瀧 薫
　　　発行者　大塚孝喜
　　　発行所　株式会社エイデル研究所
　　　　　　　102-0073　東京都千代田区九段北4-1-9
　　　　　　　TEL.03-3234-4641　FAX.03-3234-4644
　　印刷・製本　中央精版印刷株式会社
　　　デザイン　ソースボックス
　　　編　集　長谷吉洋
　　　校　正　山添路子
　　　表制作　兒島博文

ISBN978-4-87168-619-8 C3037